中國國民黨
第一屆中央執行委員會
會議紀錄

（四）

The Minutes of First Central Executive Council

- Section IV -

塑造「革命政黨」——
中國國民黨第一屆中央執行委員會
會議紀錄導讀

呂芳上
民國歷史文化學社社長

一

　　中國有近代模式的政黨始於 19 世紀末，老牌的國民黨推溯源頭，始於 1894 年在檀香山創立的興中會。嚴格的說，當年的革命派或保皇黨的組織都還算不上是「近代政黨」。至於知識分子熱中的政黨政治，1912、1913 年間，確曾曇花一現，直等到 20 世紀中葉，民國憲法制定，才勉強有其形式，亦就是說有憲政才有新式政黨出現，才容易形成政黨政治。中國近代的西方式政黨和政黨政治都是舶來品，因此要花一番工夫移植。孫中山自傳說他的學說是來自自創、規撫歐美事蹟，加上因襲傳統的，顯然他創黨、改造黨，得找這些源頭，更不能忽略這些因素。

　　1920 年代國民黨改組，有一定的背景和限制，從「孫中山黨」變成「國民的黨」，從辛亥革命到國民黨改組，一路參與的黃季陸說民國十三年（1924）具有

「劃時代」的意義，很值得重視和探討。這套《中國
國民黨第一屆中央執行委員會會議紀錄》（《會議紀
錄》）正好提供了一個孫中山「革命黨」如何轉變為
「革命政黨」的訊息。這些會議討論內容，甚至可以提
供初期國共關係史研究的基礎。

二

　　政壇上爾虞我詐、有黨有派、有分有合，一向是常
事也應是常識。1899 年，孫中山、梁啟超商洽合作倒
滿，不久檀香山革命派勢力為保皇黨侵奪；1907 年以
個人身份入籍同盟會的光復會員章太炎、陶成章，掀起
倒孫風潮，同盟會因之分裂，重創其對辛亥鼎革勞績。
1913 年二次革命失敗，國民黨分裂為中華革命黨與歐
事研究會，孫中山只能維持僅有局面，國民黨幾乎泡沫
化。1924 年，國民黨「改組」，使革命黨演變為「革
命政黨」，黨的性格有異於傳統，動員能力加大，因得
有革命再起的力道。不過，這次黨的重造是孫中山乾坤
獨斷之舉，短時期國民黨確因此有起死回生之效，長時
間則使中國走向歐美式政黨政治，顯得遙遙無期，付出
的代價，恐也得從新思考。

　　1924 年之後國民黨所以有「中央執行委員會」（簡
稱「中執會」，1952 年，此會與中央監察委員會合併
為中央委員會，即一般人習稱的中央黨部）的設置，是
孫中山生前最後一次進行黨「改組」的結果。黨改組實
起於 1922 年陳炯明叛孫所致。一年多的醞釀，在孫主
持的第一次全國代表大會定調，整個過程可以用「俄

化」二字來形容。蘇聯顧問鮑羅廷的演出，角色十分吃重，所謂「以俄為師」不僅止於口號。這次大會的重要決定，包括：一、通過了包含中國現狀、國民黨主義與政綱的大會宣言，二、孫中山在會期中演講三民主義，闡述並提供黨的理論基礎，三、通過黨的「總章」，建立俄式政黨組織模式。開會次日，逢俄共頭子列寧逝世，特別休會三日，表明聯俄政策正式出檯；四、正式通過容共案，准許共產黨人可「跨黨」加入國民黨。以上種種都深深影響稍後國民黨及中國政治的發展前景。

更具體的說，1924 年前後的中國，在北方，軍閥正混戰不休，在廣東，為陳炯明勢力所籠罩，在廣州，尤有滇桂客軍盤據，英國人支持的商團正伺機而動，這時侷促於廣州士敏土工廠的國民黨，沒有錢、沒有群眾、沒有人才、沒有國際盟友，這樣四面楚歌、內憂外患的環境，在孫中山主持下迅速形成有動員能力的「革命政黨」，的確帶給許多人結束分裂、統一中國的希望。

三

1920 年代，國民黨改組，建立了迥異於此前黨的傳統形象。早期秘密結社的會盟組織，民初大雜燴式的民主政黨，流亡海外的零散隊伍，到此才形成新的革命隊伍。革命派過去三十年打天下，嘗試過屢敗屢起、仿日、仿歐、仿美的摸索及轉變中，辛亥復放棄了歃血為盟的幫會結合方式，民初二次革命失敗，暫時不能不擱置英美式議會政治運動；當護法運動碰壁，憲政理想也

只能暫時束諸高閣。1917 年蘇俄大革命，老大帝國竟可以成為新社會主義國家，又竟然能「以平等待我之民族」，很多知識分子，包括國民黨人，甚至覺得蘇聯給中國的，正是中國人求之不得的「天鵝肉」。俄共既視孫中山為「新盟舊友」，1922 年之後，因緣際會，孫中山也因此正式與蘇俄結盟，俄式動員性格的革命黨及反帝國主義、反軍閥為內容的「國民革命」路線，便為國民黨重塑了「革命政黨」的新傳統。

這套距今百年的國民黨第一屆中執會歷史原始紀錄，正好為該黨塑造「新傳統」過程，提供一些可供討論的資源。以下是根據中執會紀錄提出的幾個看法：

（一）人事布局，國共爭奪黨權的由來

1923 年，當黨的改組積極醞釀時，2 月孫中山在上海設有幹部會議主持其事。為落實籌備工作，10 月底設臨時中央執行委員會，中共黨人只有陳獨秀列名參議。這個國民黨臨時中央，在 1924 年 1 月第一次全國代表大會（全代會）前，共開會 28 次，其後由正式的第一屆中執會取代。依照第一次全代會通過黨的「總章」，組織架構以全代會為最高權力機構，選出中央執行委員組成「中央執行委員會」（中執會），並設「部」於平時執行黨務，另設中央監察委員會，監察黨務之進行，合稱為「中央黨部」。這種組織與過去不同者有二，一是工人、商民、農民、青年、婦女均先後設「部」，專司動員群眾的工作；二是自中央到地方，層層系統黨組織，以集體決策、集體領導方式體現所謂

「民主集中制」。新的總章，依然有舊元素，例如特設「總理」一章，尊崇孫中山的名譽與實權。全代會在 1 月 30 日推舉出包含國共兩黨菁英的第一屆正式及候補執、監委員共 51 人，隸屬的黨籍情形如次：

1. 中執委 24 人

    國民黨　　胡漢民　　汪精衛　　張靜江　　廖仲愷
    　　　　　李烈鈞　　居　正　　戴季陶　　林　森
    　　　　　柏文蔚　　丁惟汾　　石　瑛　　鄒　魯
    　　　　　譚延闓　　覃　振　　石青陽　　熊克武
    　　　　　恩克巴圖　王法勤　　于右任　　楊希閔
    　　　　　葉楚傖
    跨黨者（共產黨）譚平山　　李大釗　　于樹德

2. 候補中執委 17 人

    國民黨　　邵元冲　　鄧家彥　　茅祖權　　李宗黃
    　　　　　白雲梯　　張知本　　彭素民　　傅汝霖
    　　　　　張葦村　　張秋白
    跨黨者（共產黨）沈定一　　林祖涵　　毛澤東
    　　　　　　　　　于方舟　　瞿秋白　　韓麟符　　張國燾

3. 中監委 5 人（無跨黨者）

    　　　　　鄧澤如　　吳稚暉　　李石曾　　張　繼
    　　　　　謝　持

4. 候補中監委 5 人（無跨黨者）

    　　　　　蔡元培　　許崇智　　劉震寰　　樊鍾秀
    　　　　　楊庶堪

　　上列名單值得注意的是，正式或候補中監委 10 人，清一色的老國民黨人；中執委 24 人中，跨黨者（中共黨員）3 人，候補中執委 17 人中，跨黨者有 7 人，亦即是說國民黨中執委有四分之一是共產黨人，相當程度說明孫中山「容共」政策的實行。

　　依照總章，黨中央設各「部」執行黨務，中執委互選三人為常務委員，常川駐部辦事。事實上，受任常委有流動性，兩年間 12 位常委，在職時間長短不一，多半以輪值中執會主席為主。[1] 同時為落實「國民的黨」之政治工作，依照會議紀錄，中央黨部初設八個部，並在廣州以外的地區設置六個地方執行部，分派 21 位中執委為 14 個省黨部的籌備員，實際推動改組後的黨務。[2] 據研究國民革命史的學者分析，當年國共不論是合作抑或競逐下的歷史，顯示改組後不久，跨黨之共產黨人已清楚認識黨組織與群眾運動的重要，他們同時掌握了北京執行部、滲入上海執行部，控制了組織、工人

---

[1]　1924 年至 1925 年二次全代會前，擔任過常委的 12 人：廖仲愷（1924.1.31 - 1924.6.12；1924.10.20-1925.8.20）、戴季陶（1924.1.31-）、譚平山（1924.1.31-1924.4.14；1924.6.3.-1924.11.6）；彭素民（1924.4.10-1924.8.3）、邵元沖（1924.6.12-）、鄒魯（1924.9.1-1924.10.20；1924.11.6-）；汪精衛（1924.7.17-1924.11.6）；丁惟汾（1925.5.17-）；于樹德（1925.5.17-）；林森（1925.9.3-1925.9.15）；譚平山（1925.9.28-）。參見李雲漢主編、劉維開編輯，《中國國民黨職名錄》（臺北：中央黨史會，1994），頁 31-33。

[2]　中執會初擬設九部，一開始就決定調查部緩設，1924 年 3 月前設七個部，後陸續增加軍事、聯絡、實業及商民部，部長及秘書名單可看出跨黨者（＊）的份量：組織部部長譚平山＊／秘書楊匏安＊；宣傳部戴季陶／劉蘆隱；工人部廖仲愷／馮菊坡＊；農民部林祖涵＊／彭湃＊；青年部鄒魯／孫甄陶；婦女部廖冰筠／唐允恭；海外部林森／詹菊似。參見李雲漢，《從容共到清黨》（臺北：中國學術獎助會，1977），頁 268-271。

和農民三部，打進了直隸、山西、熱河、湖南、湖北、
江蘇、浙江、江西八個省黨部籌備處，以少數黨員已
能控制多數省區。[3] 長久以來，學者對於國民黨人長期
疏於下層經營的批評，依 1920 年代第一屆中執會歷次
《會議紀錄》中央各部及地方執行部報告，也可以得到
一些印證。

（二）推尊「總理」，領袖崇拜之始

　　1924 到 1927 年，黨國體制的中國猶未成型，國民
黨還處在「打天下」的階段，與共產黨理念、作法上雖
不無芥蒂，甚至明爭暗鬥頻生，但也沒到你死我活「奪
天下」的地步。不過，1924 年國民黨改組不久，列寧
式動員型的革命政黨特性已逐漸浮現。當代政治學界把
列寧式政黨特質，約略作這樣的規納：一、民主集中制
的決策模式，二、以武力取得政權並實行一黨專政，
三、領袖崇拜，四、黨有明顯的意識形態，五、有功能
及地域性的組織方式，六、組織並運動群眾以形成「黨
力」。[4] 這些，在中執會歷次《會議紀錄》中的記載，

3　李雲漢，《從容共到清黨》，頁 271。
4　對列寧式政黨的特質，在學界看法並不一致。政治學者鄭敦仁認
　　為國民黨是「準列寧式政黨」（quasi-Leninist party），社會學者金
　　耀基認為國民黨外型為列寧式政黨，但具三民主義的意識形態，
　　方德萬（Hans J. van de Ven）認為國民黨堪稱為中國第一個列寧式
　　政黨。見 Tun-jen Cheng, "Democratizing the Quasi-Leninist Regime
　　in Taiwan", *World Politics 41*(July, 1989), pp.471-499; Ambrose Y. C.
　　King, "A Non-paradigmatic Search for Democracy in a Post-Confucian
　　Culture: The Case of Taiwan, R.O.C", in Larry Diamond ed., *Political
　　Culture and Democracy in Developing Countries* (Boulder: Lynne Rienner
　　Publishers, 1994), p.135; Hans J. van de Ven, *From Friend to Comrade:
　　The Founding of the Chinese Communist Party, 1920-1927* (Berkeley, Ca.:

似乎還可進一步比對、參酌和推敲。

　　國民黨第一屆中執會 1924 年 1 月 31 日起至次年 12 月 31 日結束，共開會 131 次，除第 6 次紀錄佚失外，餘均在本書中呈現。

　　黨的改組是孫中山個人歷史性的重大決斷，他除主持第一次會議外，生前共出席該會 14 次，最後一次是他 1924 年 4 月 28 日的第 25 次會。在黨的人事配置、地方黨務推展、廣州試點改組、宣傳刊物資助、司法人員入黨、學生工人運動等議題，孫都曾參預，由於「總理」地位特殊，其決策力自在意中。

　　本來 1913 年二次革命的失敗原因，孫中山最痛切的感受是黨員不受命、黨首無力，也就是說討袁活動，敗在只見「個力」未見「黨力」。此後他積極尋求解套的力量和方法。當他得知俄國十月革命布爾希維克的革命成效，加上「俄援」有望，又看到五四青年學生熱情奔放的力量，以俄共模式動員群眾，形成改造國家的力量，便成了他「師俄」、創生「新國民黨」靈感與動機的重要來源。

　　孫中山是近代中國國家改造有一套理論、看法和做法的少數知識分子，他生前 40 年領導革命活動，即以博大精深、奮鬥不懈精神，贏得包括政治對手梁啟超，以孫為「偉大人物」、有領袖魅力政治人物的評價。孫晚年在南方進行黨政改造，為國民黨開創新局，1924 年 10 月底北上，由上海、日本經天津、臥病北京，逝

University of California Press, 1991), p.56.

世於北方，北方因此掀起「孫中山旋風」，大有造於國民黨北方勢力的拓展。孫北上，國民黨部分權力中心跟著移到北京，次年 3 月 12 日孫過世，在北京、廣州黨組織立刻有啟動媒體力量「造神」的跡象。依照《會議紀錄》，孫過世當天，第 67 次中執會即提出 12 則標語，包含尊孫為「中國革命之父」、「四萬萬人民慈母」，稱頌中山精神不死、主義不死。同時在各地普遍舉行追悼會，自不在話下。4 月 23 日中執會第 77 次會議起，開始有「主席恭誦總理遺囑、全場起立」的規定，此後懸為慣例，全國行之幾十年。此後半年內的中執會推尊孫總理的提案不斷，例如設立紀念圖書館，改廣東大學、上海大學為中山大學、改香山縣為中山縣等，有的立刻獲得回應，有的猶待努力。5 月 20 日第 85 次會，通過「孫中山先生永久紀念會組織大綱」，擬在軟體、硬體上作長程打算，近程即立刻發動盛大的「國民會議運動」為孫統一中國的最後主張造勢。這些都有助於「國父」、「總理」形象的建立。近代為偉人造神話、塑銅像風氣的展開，其源頭似乎也依稀可尋。

（三）「俄化」與「黨化」並進，開黨國體制之漸

　　1920 年代國民黨的改組，最顯著的特徵是國民黨走向「俄化」，中國走向「黨化」。

　　平實的說，孫中山晚年把國民黨改造為一個動員性的革命政黨，才能奪回天下。這得力於來自於俄國的鮑羅廷（鮑爾丁，Michael Borodin,1884-1951）的幫助。1923 年 10 月，鮑到廣州，適時提供俄式列寧黨的組黨

經驗。學者的研究早已指出，國民黨第一次全代會的宣言、總章，均模仿了俄共章程，並出於鮑的規劃和參與。孫中山初聘鮑為國民黨「組織教練員」，後來聘為政治顧問；孫過世後，1925 年 7 月，國民政府聘鮑為「國府委員會高等顧問」。1924 年國民黨的改組，不再沿襲傳統幫會屬性，復不具備西方政黨味道，明顯的俄化政黨成了特色。[5] 從這套《會議紀錄》正可以看到新國民黨：「革命政黨」形成的一些訊息。（1）因組織和意識形態的建立使黨動員能力顯著的提升。孫中山主持改組過程中，很感成就的一點是看見廣州試點改造後的「黨力」。從中央到地方黨組織，系統、法規分明，由政府、民間，自社團到軍隊，靠「黨團」運作，產生民主集中制的作用，使黨意落實。民眾運動靠各種訓練所，使黨員凝聚共識，又能帶動民間力量。《會議紀錄》中，載有許多海內外不同地區的活動報告，黨成了政治運動的串連主軸，黨員成了政治舞台的活棋，扮演活躍角色，這是過去未見的事。（2）孫中山師法蘇俄，也不是全盤照搬、全面移植。這種國民黨式的俄式政黨，仍與俄共有別。總章除了保有「總理」一章以外，孫中山對意識形態的堅持、堅拒絕階級鬥爭的論

5　1921年中共的黨組織與 1924年國民黨的改組內涵，均是「以俄為師」的產物。國民黨一大總章，最初藍本是 1919 年 12 月俄共（布）第八次會代會通過的俄國共產黨（布爾什維克）章程，分 12 章 66 條，國民黨總章分 13 章 86 條，有關黨員、組織架構、中央地方黨部、紀律、經費、黨團等，內容相近，多數條文幾乎雷同。參見李玉貞，《國民黨與共產國際（1919-1927）》，（北京：人民出版社，2012），頁 230-241。王奇生，《黨員、黨權與黨爭──1924-1949年中國國民黨的組織型態》（上海：上海書店，2003），頁 13 -17。

述，人所習知。實者，1923 年 1 月 26 日，孫越聯合宣
言，孫中山已明白表示與蘇聯的有條件合作，所以在中
執會中聽不到俄共的馬列思潮，也看不到俄共政治運
作的實況。如果說 1920 年代國民黨師法俄共組黨的是
「半套」戲法，中共移植的是全套戲路，是否因此成為
後來兩黨爭奪天下的成敗關鍵，那就可以是另一值得討
論的議題了。[6]（3）「黨化」的開端，疑慮跟著來。改
組初期，國民黨中執會紀錄多揭諸報端，會議中有關聯
俄容共、以黨治國的決策和走向，均不免引發批評者及
反對者的側目。老革命派如章炳麟、馬君武，和南北反
國民黨軍閥，多詆孫黨「赤化」，許多知識分子尤對
「黨化」表示不安。孫中山與章炳麟本有政治主張的歧
異，這時也不贊成孫與蘇聯交好，孫派國民黨人也不客
氣的指斥章等為「懶佬團」。[7] 1924 年 3 月 30 日，中
執會第 18 次會議通過議案，在廣州大元帥府任大理院
院長的趙士北，以非黨員遭免職，表示黨政府下一般官
吏必須入黨的要求，本屬獨立地位的司法，「司法無
黨」的原則，在「黨化的革命化」下，也不能適用。在
《會議紀錄》中，可以看到歷次會議通過各部提送的群
眾運動議決案，包括青年部學運計畫案、資助全國學生
聯合會案，農民部提交農民運動講習所、農民協會設置
案，工人部的工會法、組織各地工會案，婦女部組織全

6　參見〈尋求新的革命策略：國民黨廣州時期的發展，1917-1927〉，
　　見呂芳上，《民國史論》（臺北：台灣商務，2012），中冊，頁
　　673-715。

7　秋霖，〈國民黨的將來〉，《香江新聞報》，1925 年 2 月 20 日。
　　中國國民黨黨史館藏剪報資料，典藏號 436/117。

國婦女聯合會案，軍人特黨部提送任命軍隊黨代表、軍
隊黨團組織與運作、改教導團為黨軍、設置有主義軍隊
等案，[8] 在在顯示改組後的國民黨滲入社會各階層，積
極組織、運動群眾的現象。當時知識界、輿論界對黨力
滲透教育界、學生入黨問題及 1925 年東南大學易長，
引發學潮，可能形成「黨化教育」，表達諸多關切。[9]
不意外的是後來政局的發展，雖中蘇關係有變數、國民
黨與蘇俄關係有起伏，但這時期俄化下造黨，以黨化治
國，則深刻影響了近代中國政治的走向。

（四）中政會：國民黨的「政治局」、「太上政府」

依照國民黨一大通過的「總章」，全國代表大會是
黨的最高權力機構，大會推選出的中央執行委員組成的
中執會，是全代會閉會期間的最高權力機構。這一機構
設「部」辦事，即實際執行黨務的「中央黨部」。本來
中執會平時有設三常委輪班辦事，中執委正式及候補人
數不過 41 人，中執會開會，多至二十七、八人，少則
六、七人，後期（1924 年 10 月 23 日第 57 次之後）大
約出於需要或為湊人數，經常與中監會及各部長，召開

8　各案原文可參見《會議紀錄》中歷次會議內容。有關軍隊黨化問
　　題，1925 年 2 月至 4 月間，香港、廣州報刊曾就「國民黨軍隊化」
　　與「軍隊國民黨化」有所討論，見〈陳銘樞致羅漢君函〉，1925
　　年 2 月 10-11 日，《香江新聞報》；紹文，〈國民黨軍隊化〉，
　　1925 年 4 月 14 日，廣州《民國日報》。

9　黨化教育相關的討論可參考：陶知行，〈國家教育與黨化運動〉，
　　1925 年 1 月 9 日，上海《時事新報》；〈黨化教育的意義〉，
　　1925 年 1 月 26 日，上海《民國日報》；胡浩然，〈論黨化大學〉，
　　1925 年 2 月 10 日，上海《時事新報》；力子，〈論黨化大學〉，
　　1925 年 2 月 20 日，上海《民國日報》。

聯席會議，決策及執行力不高，顯然不足以為總理分憂
解勞，孫中山因此有另成立一個備諮詢，類近元首顧問
團性質的構想。1924 年 7 月 11 日，孫總理以軍、政、
黨務須分工辦理，乃依鮑羅廷的建議，仿俄國共產黨模
式，成立國民黨的「政治局」──政治委員會（中政
會）。[10] 中政會初成立時是中執會的下屬機構，且在黨
章中並不是法定機制。孫中山生前，在中執會第 43 次
會（1924 年 7 月 14 日），胡漢民提出中政會的權限討
論案，決定：一、關於黨事，對中央執行委員會負責，
按照性質由事前報告或事後請求追認。二、關於政治及
外交問題，由總理或大元帥辦理。可見中政會確屬孫總
理的智囊團，職級上為中執會的下屬機構。孫過世後，
1925 年 5 月 20 日，第 85 次中執會曾有關於「政治
局」設置討論案，決議只推汪精衛、戴季陶、邵元冲
三人提出報告，沒見下文。不過，本案出現「政治局」
三個字，足見中政會的本質。6 月中旬，中政會開會決
定建立國民政府。初無法定地位的中政會，這時擴大權
力，在黨權分配發生爭議情況下，反祭出自我定位的條

---

10 俄蘇維埃政權初建，布爾什維克黨與政權的執行和決策機構是中
   央委員會，後因人數膨脹，中央全會變成泛泛的政治討論會。故
   從 1919 年俄共（布）八大始建「政治局」，使決策權移到人數較
   少的政治局，其成員最初包括人民委員會正副主席、共產國際主
   席、陸海軍人民委員、真理報主編、俄共中委會書記處書記等。
   這個機構大小事都管，成為真正意義的最高政府權力機構，即列
   寧所講的「寡頭政治」。列寧，〈共產主義運動中的「左派」幼
   稚病〉，中共中央馬克思恩格斯列寧斯大林著作編譯局編，《列
   寧選集》，卷 4（濟南：人民出版社，1972），頁 203。又參見盧
   艷香，《中國國民黨中政會研究（1924-1937）》（北京：社科文
   獻社，2016），頁 28。

款：1. 中政會設於中執會內，以指導國民革命之進行，
2. 關於政治之方針，由中政會決定，以政府之名義行
之。[11] 第 1 項「國民革命之進行」，應偏重在黨務的擴
張與發展，不免與中執會任務有疊床架屋之虞，甚至喧
賓奪主侵蝕了中執會原有的角色和職權。從後來的發展
看出，中執會的確淪為中政會的執行機構。第 2 項，明
顯以中政會為決策機關，以國民政府為執行機構，觀察
後來長時間中政會的作為，類近俄共「政治局」角色，
左右了黨國大政。1928 年 2 月，長期身為中政會委員
的譚延闓，就曾婉轉指出：中政會不啻為國民黨的「太
上政府」，[12] 即是此意。

　　1926 年 1 月，國民黨在廣州開第二次全代會，國
民黨左派、跨黨者與鮑羅廷主導了大局，在修正「總
章」時，增列了中執會在必要時，「得設立特種委員會
（如政治委員會等）」一項。1 月 23 日二屆一中全會，
通過「政治委員會組織條例」七條。至此，中政會在黨
統上才有設置的合法性。二屆中執會中央執、監委有
80 人，人多、運作不易，另成立「常務委員會」（中
常會）維持黨務正常運作。儘管中政會名義上隸屬中執
會，應向中常會負責，但因時局變幻莫測，兩會或分或
合，權力消長之間，又夾雜著國共複雜關係，構成了民

---

11 〈關於政治委員會及政治會議述略〉，「中央執行委員會政治會
　議報告」，1928 年 8 月 10 日，中政會檔，油印件，中國國民黨
　黨史館典藏號 00-1-8。

12 時任中政會委員的譚延闓在 129 次中政會上說：「舉凡一切黨政、
　省政均由政會核定，故以有以太上政府目之者。」1928 年 2 月 22
　日中政會議紀錄，中國國民黨黨史館典藏號：中央 0129。

國政治史、國民黨權力運作史的另一圖景。[13]

四

　　1920 年代初期（1924-1927）以國共關係為基礎，是國民黨史上的「聯俄容共」時期，在中共黨史則稱之為「第一次國共合作」時期。孫中山當年為打開中國政治的出路，以俄共歷史為模範、為先例，在鮑羅廷指導下的國民黨「改組」，將俄式的「革命民主」（包含一黨專政、黨國體制）引入，取代了英美式的民主。「俄化」，今天看來，絕對是民國政治的重大歷史轉折，其影響甚至以迄於今。

（一）國共合作，起始就同床異夢

　　國共初期關係即詭譎複雜，從國民黨第一屆中執會《會議紀錄》，可以有以下的幾點觀察：

　　第一、國共合作，基礎脆弱。由國民黨角度看，「我中有你」實不等於「你中有我」。共產黨人以個人身份加入國民黨，是孫中山的堅持，但國共雙方黨人均無法逃出各自的傳統及「動員黨」的「黨團」作用。你暗我明，不免猜忌，聯容政策初行，國民黨老黨員形成的北京俱樂部，後來發展出來的西山會議派，對俄化、黨權分配均不無疑慮；中共初創元老陳獨秀、瞿秋白，開始也不看好俄共導演的「送作堆」戲碼。當國民黨

---

13 中政會初期運作可參考王奇生，〈中政會與國民黨最高權力的輪替（1924-1927）〉，《歷史研究》，2008 年 3 期，頁 63-80；盧艷香，《中國國民黨中政會研究（1924-1937）》，頁 18-68。

人了解共派人士當初加入國民黨確曾有自我發展的考
量，對共黨的「寄生」政策，別有用心、「不懷好意」
時，[14] 雙方排斥的力量便難澆熄。兩黨衝突事件的加劇
及惡化，在國民黨掌門人孫中山生前已見跡象，1924
年 7 月 1 日，第 41 次中執會發佈關於黨務宣言，直謂
共派與國民黨人有明顯分道而馳的傾向，已使雙方由懷
疑而隔閡。次年，孫過世後，國共糾紛層出不窮，終致
分手，實在意中。1925 年 10 月，中執會 113 次《會議
紀錄》所呈現戴季陶〈國民革命與中國國民黨〉小冊，
加上後來的〈孫文主義之哲學的基礎〉長文，國共雙方
理論爭執已浮上檯面，這是後來共產黨人圍剿「戴季陶
鬼」的前奏曲。同年 11 月下旬，西山會議開鑼，11 月
24 日，中執會北京執行部在 122 次中執會提出報告，
直斥同志俱樂部、民治主義同志會及西山會議派鄒魯、
林森、謝持等人的反共產派「喪心病狂作為」，黨內所
謂左派、右派被分化出來，視同水火，黨內容共、反共
兩陣營，這時已撕破臉對著幹。於是，國共問題，此後
逐步演變成為「你死我活」的政治話題。

　　第二、國民黨改組初，中共黨員可以兼跨國、共
兩黨黨籍，1922 至 1927 年間，人數本就不多的共產黨
人，究竟有多少人入籍國民黨，並無明確記錄。一般知

---

14 1923 年 6 月 12 至 20 日，中共在廣州召開三次全代會，有「關于
　國民運動及國民黨問題的決議案」，顯示不論俄共代表或中共黨
　人，對「國共合作」均已另有盤算。近年陸續出土的俄共文件，
　已可複按，見中共中央黨史研究室編譯，《共產國際、聯共（布）
　與中國革命運動（1920-1925）》（北京：北京圖書館出版社，
　1997）又參見李玉貞，《國民黨與共產國際（1919-1927）》。

名的共產份子如李守常（大釗）、陳獨秀、譚平山、毛澤東、周恩來、瞿秋白、于樹德、張國燾、于方舟、韓麟符、張太雷、蘇兆徵等，多半是出任國民黨中央或地方重要幹部而為人熟知；另有一批黃埔學生公開身份的，如徐象謙（向前）、陳賡、蔣先雲、左權、許繼慎等；有些人除非自清，否則在當時可能面貌模糊的，在早幾年社會主義流行時，甚至連戴季陶都曾參與共黨發起，其他如周佛海、陳公博、沈定一等早期參加過共黨，報界的邵仲輝（力子），行徑予人投機之感。改組對國民黨黨組織的發展的確發揮很大力量，在《會議紀錄》揭載的文件中，說明在省以下的許多地方黨部先後成立，至少在 1926 年二大之前，國民黨正式成立了 11 個省黨部，籌備中的有 8 省，特別市黨部正式成立者 4 個市，另包含陸、海軍、警察 10 處。改組前號稱有黨員 20 萬，多半不知藏身何處，但此時期重新辦理登記，納入黨的基本組織，一旦動員，很快顯現「黨力」。但這時期黨部真正負責組織、宣傳、工人、農民等下層群眾運動工作的，多半是共產黨人，他們的影響力自不可小覷。

（二）毛澤東是國民黨代理宣傳部長

這一時期，國民黨中央有一位跨黨人物，很算活躍，其動向值得注意，他就是毛澤東。[15]

---

15 李敖蒐集其家藏及國民黨黨史館藏史料，撰寫成專書，見李敖，《國民黨員毛澤東》（臺北：李敖出版社，2014）

　　在俄共指示下，1923 年共黨份子開始陸續加入國民黨，中共創始黨員之一的毛澤東，大約也在這股入黨潮時，變成國民黨人——跨黨黨員。1924 年 1 月，毛出現於廣州，他以湖南地方組織代表身份出席在廣東高師孫中山主持的第一次全代會，他任章程審查委員，據記載，他為維護共產黨員可以跨黨及反對西方比例選舉制，在大會中有所表現。1 月 30 日，毛被大會推選為中央候補執行委員。這個身份對他參預國民黨中央及地方的活動均有幫助，例如他可以參加中執會、可以出任地方執行部職務、可以出任中央黨部代理部長。

　　1924 年 1 月底 2 月初，毛出席了第一屆中執會一至三次會，第四次有提案未出席。接著他奉派到上海執行部（環龍路 44 號）擔任組織部秘書，這時國民黨的胡漢民、汪精衛、于右任、葉楚傖，共產黨的沈澤民、瞿秋白、鄧中夏、惲代英、向警予、邵力子、張秋白等，均在此辦公。所轄地區包括蘇、浙、皖、贛、滬等地。中共也以上海為重鎮，毛一度同時兼有中共組織部長的職務，並以國民黨左派自居，可見毛身跨二黨活動，顯著活躍。這一年年底，他以腦病請假回湘。1925 年上半年，毛在湖南進行農民運動，並在家鄉發展國民黨地方組織。9 月再到廣州，10 月 5 日第 111 次中執會，因汪精衛的推薦，出任國民黨代理宣傳部長；1926 年 2 月 5 日，二屆第二次中常會，汪精衛再次推薦毛續任代理宣傳部長，直到同年 5 月 25 日，二屆二中全會通過「整理黨務第二決議案」，跨黨者不准充任國民黨黨中央機關之部長後，毛才正式辭去國民黨代理宣傳部

長職。也就是說 1925-1926 年間毛澤東曾擔任國民黨代理宣傳部長七個月又二十天。

國民黨宣傳部之設置，始於 1923 年改組醞釀時期，與孫中山想掌握五四時代的思潮與脈動有關。改組前主掌宣傳業務的有張繼和葉楚傖，1924 年改組之後第一屆中執會時期，擔任宣傳部長的依序是戴季陶（1924.1.31-6.30）、劉蘆隱（代理，1924.6.30-8.14）、汪精衛（1924.8.14-1925.10.5）、毛澤東（代理，1925.10.5-12.31）、汪精衛（1926.1.23-2.5）、毛澤東（代理，1926.2.5-5.28）。戴季陶新聞記者出身，長於理論，汪精衛演說及文字動人，出長宣傳，允為適任人選。當初孫中山改組黨務，一重組織、二重宣傳，他說過去無組織、無統系，人自為戰的宣傳固是落伍，辛亥後連個人宣傳也放棄，加上鮑羅廷在一大強調俄革命成功賴宣傳，加深了要求黨強化宣傳的力道。在戴、汪時期宣傳部的工作，表現在中執會《會議紀錄》的，有幾個面向：一、統一且頻發黨的對內、對外主張，由中央透過各地執行部、省黨部宣傳統一發佈，這樣的宣傳機器運作是過去少見的。例如為北洋政府濫捕黨人告國民書（36 次會議），對各國退款、賠款宣言（42 次），對中俄協定宣言（43 次），反對聯省自治運動（69 次），召開國民會議宣言（86、95 次），對沙面事件宣言（90 次），反帝廢不平等條約訓令（92 次），國民黨目前反帝、反軍閥宣傳大綱（98 次）等政治大問題。二、協助黨刊、黨報的成立及發行。北京《民生週刊》、《新民國雜誌》、上海《新建設雜誌》、廣州《革命評論》、漢口

《國民週刊》等黨的刊物先後創辦，影響力較大的廣州
及上海兩地分別出版《民國日報》，成為知名的黨報。
1924 年 4 月，成立中央通訊社，成為黨的喉舌。

　　1925 年 10 月，國民黨負責宣傳的汪精衛，因事
忙，兩次找上毛澤東代理部長。汪與毛曾在上海執行部
共事過，交情如何並不清楚，不過汪對毛的文采應不
陌生。毛代理宣傳部長近八個月，一共出席中執會會
議 15 次。他在任時期的「政績」，除了宣傳部蕭規曹
隨發佈黨對時局的態度立場言論外，約略還可以看到一
些其他的想法和作法：一、1925 年 10 月，毛鑑於各地
「反革命派」（主要指北方的安福系、研究系、聯治
派、新外交系、買辦階級），對廣東工作有實行共產、
英俄夾攻、內訌自殺等造謠誣衊之言論，親自草擬一份
通告，說明宣傳部應付要旨，決定由該部出版週報，內
容以十分之九作事實敘述，十分之一為辯正的議論，散
發各地，「對外為反攻的宣傳，對內為切實的解釋」。
（117 次議會紀錄）。這就是毛任內正式出版的《政治
週報》。二、為了打通黨宣傳機器的血脈，毛要求各執
行部、省黨部、特別市黨部之各宣傳部與中央宣傳部連
成一氣，下級按月彙報工作詳情，中宣部則計畫在上
海設立交通局對北方作連絡據點（118 次會議紀錄）。
三、毛主持的中宣部，此時規劃印製《民族主義》、
《民生主義》、《汪精衛演講集》、《三民主義淺說》
各萬本發散，同時討論了三民主義編入教科書案。此時
代理國民黨宣傳部長的毛，態度算穩重。四、1925 年
下半年之後，國民黨內國共糾紛屢起，反共風潮時生，

跨黨的毛又如何應付？基本上，毛是以跨黨者與國民黨左派結合共同應付國共關係。1925年10月初甫上任，他即偕陳公博參加中共外圍新學生社大會，13日參加113次中執會討論戴季陶反共小冊風波的解決，會議結論是撇清黨意與戴個人無關，毛則主張請戴離開上海是非之地，前來廣州工作。11月下旬西山派率先在北京舉行一屆四中全會，大動作反共，主張容共的廣州中央不能示弱；12月4日，125次中執會通過毛起草的「闡明容共意義及斥西山會議派」的通告，歷數「懶惰右傾黨員」及「叛黨者」之罪過，重申在帝國主壓迫下，「若吾黨之革命策略不出於聯合蘇俄，不以占大多數之農工階級為基礎，不容納主張農工利益的共產分子，則革命勢力陷於孤單，革命將不能成功。」進一步把黨人劃分為革命與反革命勢力，以便作殊死鬥。毛在文中雖沒對社會作階級分析，但同一時間，在另一文章中，毛已把國民黨地主階級及買辦階級視為右派代表，以階級作社會分析的角度已見端倪。[16]同一時期，中執委指責上海的《民國日報》被「反動分子盤據，大悖黨義」。12月中旬，左派人士要求查辦，12月29日，毛以中宣部代部長向130次中執會提出報告，否認該報為黨報，並擬另辦新報。接著毛忙著籌辦國民黨即將在廣州舉行的二大，並受命在二大中作宣傳工作報告。可見在國民黨左派眼中，毛還算是很有份量的幹部。

---

16 1925年12月1日，毛澤東用階級概念發表〈中國社會各階級的分析〉，參見李戡，《國民黨員毛澤東》，頁212-219。

　　這段時間，毛澤東廣州國民黨中央擔任宣傳要職、在上海執行部主持文書庶務工作、在湖南家鄉辦黨、搞宣傳、運動群眾、拓展黨組織，這些經驗，不能說對他日後的政治生涯沒有幫助。

五

　　1924 年改組後的國民黨，繼承了中華革命黨時期的革命精神，並以服從總理和建國三階段論的革命方略，同時吸收了俄共革命經驗，開始重視組織訓練、推進群眾運動、設立文武黨校，建立黨化、政治化的主義兵和黨軍。在黨外「反赤」，黨內「反共」的氛圍中，孫中山以黨魁威信執行聯俄容共政策，並在中共黨團活動暗潮中，接受包括俄共軍政顧問及盧布和軍火的援助。孫中山及其黨，在尋求外援聲中，聯合軍閥以反軍閥，同時喊出反帝國主義、反軍閥的口號，其手段、方法均稱詭譎。國民黨因此在黨組織型態及內容，由「革命黨」兌變為「革命政黨」，精神幾為之煥然一新。「三民主義」及「國民革命」遂成為中國前途的目標及手段。

　　當然，1924 年國民黨一大及第一屆中央執行委員會，在「以俄為師」的方向下，採取聯俄容共政策，並逐步走向黨國體制，所謂俄化、黨化，其得失之間，在歷史研究中仍有大大的爭議空間。然而，國民黨由黨員疏離、組織散漫到能掌控政治全局，由侷促一隅到一黨獨大，由個力到黨力的表現，都屬可圈可點。在此同時，黨統分裂、派系爭奪、國共對抗、絕俄分共，從

「共同奮鬥」到視如寇讎，[17] 卻又可能是長遠優勢的致命傷。

1954 年 6 月，在臺北的中國國民黨中央秘書處曾編印出版了這一套《會議紀錄》，可惜多所省略。本社特別據原始會議紀錄進行比對，因此篇幅增加，分裝四冊。相信學界對此一慎重其事的「存真」出版態度，一定會格外肯定。這套《會議紀錄》中涉及的許多文件，多半可以在黨史館的「漢口檔案」及「五部檔案」中尋得。當然，這套紀錄不可能提供改組的所有黨務更革資料，例如聯俄時期的經費來源問題，《會議紀錄》固然也有不少黨部經費報告，但俄援如何到來？到來數字有多少？中方資料始終晦莫如深，這只能求諸其他檔案的補充。近年，莫斯科俄國檔案陸續開放、出版，其中有許多當年情報、文件，如今已迻譯為中文，如能有更多昔為極機密。今已公開的不同語文資料參照比對，歷史當會更加透明。史家多半野心十足，常期待打開潘朵拉盒子，以解開更多的歷史之謎，這，往往是他們的奢求。

---

17 1925 年 12 月 31 日中執會 131 次會中，汪精衛提案以第二次全國代表大會名義贈送鮑羅廷鑲有「共同奮鬥」銀鼎，獲得通過。諷刺的是次年 7 月，汪武漢政權便把鮑給趕回蘇俄。

編輯凡例

一、本書收錄中國國民黨 1924 年至 1925 年於廣州召開
　　之第一屆中央執行委員會會議紀錄。

二、古字、罕用字、簡寫字、通同字，若不影響文意，
　　均改以現行字標示，恕不一一標注；無法辨識或漏
　　字者，則改以符號■表示。

三、本書改原稿之豎排文字為橫排，惟原文中提及
　　「左」、「右」等方向性文字皆不予更動。

目　錄

委員名單

民國十三年一月三十一日，中國國民黨第一次全國代表大會第十六次會議選舉中央執行委員、候補中央執行委員、中央監察委員及候補中央監察委員當選名單。

中央執行委員
二十五人

孫總理	胡漢民	汪精衛	張靜江	廖仲愷	李烈鈞
居　正	戴季陶	林　森	柏文蔚	丁惟汾	石　瑛
鄒　魯	譚延闓	覃　振	譚平山	石青陽	熊克武
李守常	恩克巴圖	王法勤	于右任	楊希閔	
葉楚傖	于樹德				

候補中央執行委員
十七人

邵元冲	鄧家彥	沈定一	林祖涵	茅祖權	李宗黃
白雲梯	張知本	彭素民	毛澤東	傅汝霖	于方舟
張葦村	瞿秋白	張秋白	韓麟符	張國燾	

中央監察委員
五人

鄧澤如	吳稚暉	李石曾	張　繼	謝　持

候補中央監察委員

五人

蔡元培　許崇智　劉震寰　樊鍾秀　楊庶堪

第一百零八次會議

十四年九月十五日

到會者：汪精衛　鄒　魯　林　森　林祖涵

主席：汪精衛
書記長：徐蘇中
文書科主任：郭威白

報告事項

一、主席恭誦總理遺囑，全場起立。

二、宣讀第一百零七次會議紀錄。

三、汪委員精衛報告：自廖案發生後，社會上對於胡漢民同志發生二種批評：一則謂政府處置胡漢民同志失之太寬，實則胡毅生雖與漢民同志為弟兄，然胡毅生此次謀殺廖仲愷同志舉動，漢民同志事前毫不知情，何能代為負責；一則因黨軍當日往漢民同志住宅搜捕胡毅生，遂以為政府對於漢民同志予以難堪，未免失之太嚴。且因此生出許多謠言，實則革命政府之下，決不能因一、二同志個人之體面，故縱要犯。今政治委員會根據廖同志未被刺以前之決議，仍請胡同志往外國接洽，以非常重大任務，付之胡同志之手。由此可知當日政治當局，對於胡同志並無若何芥蒂，今因提出政治委員會，請求通過派胡同志往外國接洽之便，特報告如上。（提案在討論事項第二）

四、汪委員精衛報告：政治委員會派林森、鄒魯二委員
　　參加北上外交代表團，其理由因外交團中非有負一
　　時名望之人在內，不能使人重視。前本擬請孫科同
　　志擔任此職，後彼以經營總理墓地，來電請辭，故
　　後請鄒、林二委員率領各團體代表北上，抵京後，
　　即可將此代表團交諸徐謙同志之手，兩月內便須回
　　粵，庶不誤第二次全國代表大會之期，今特提出報
　　告如上。

五、會計科報告：本會每月支出數目預算表。

六、菲律濱嚨嗎倪地埠本黨分部報告：捐有慰勞學生軍
　　菲幣二百五十六元，已匯交廖仲愷同志轉發；又飛
　　機捐款伍百二十六元，交宿務支部彙匯。

七、青年部長鄒魯報告：該部秘書周佛海辭職，將該缺
　　暫時裁撤，加委阮紹元、莫耀琨二人為幹事案。

討論事項

一、政治委員會函：薦汪委員兆銘為各軍及各黨立軍校
　　黨代表，請公決案。

決議：通過。

二、汪委員精衛提出：政治委員會交來公函二件，請用
　　中央執行委員會名義，致蘇俄共產黨中央執行委員
　　會，由胡漢民同志帶往案。

決議：照原函通過。

三、政治委員會函：薦邵元冲為國民政府監察院委員，

請公決案。

決議：通過。

四、政治委員會函稱：中國共產黨中央執行委員會來函
　　唁廖委員，決議由中央執行委員會覆函致謝案。

決議：通過；覆函推郭威白同志起草。

五、政治委員會函稱：議決由中央執行委員會與省政府
　　組織委員會，調查各地方民團農團實情，請查照辦
　　理案。

決議：通過。

六、國立廣東大學校長鄒魯請將該大學改為國立中山大
　　學案。

決議：通過。

七、秘書處提出：本會執行委員廖仲愷同志及楊希閔俱
　　因事出缺，請以候補委員遞補案。

決議：照候補委員名單依次遞補，此次應補之鄧家彥因
　　　近發表言論，誣衊總理，在檢舉以前，以沈定
　　　一、林祖涵遞補。

八、秘書處提出：請解釋第九十七次會議第一案決議中
　　「地方公款」應以地方政府收入為限案。

決議：通過。

九、秘書處提出：本黨南洋荷屬支部第五分部匯來毫洋
　　一千二百六十九元七分，請分撥於抵抗外國之熱心
　　志士或團體，請公決撥交何處案。

決議：交省港罷工委員會。

十、本會婦女部長何香凝呈請准予給假案。

決議：准假一月，並致函慰問，盼其能於假期內銷假
　　　視事。

十一、江蘇省黨部電稱：該省黨部選出朱季恂為第二
　　　屆出席代表及執行委員，係屬非法選舉，全部
　　　無效，除通告所屬各級黨部外，特電懇嚴重否
　　　認，並請查辦案。

十二、上海執行部函稱：蘇省黨部要求將寧市黨部風潮
　　　案移歸該省黨部辦理案。

以上兩案併案討論。

決議：交戴季陶、邵元冲、葉楚傖三同志負責辦理，具
　　　覆候核。

十三、孫中山先生葬事籌備委員會函：請議決在永久紀
　　　念會未成立以前，所有該會應辦之事暫由葬事
　　　籌備委員會代行辦理，請核准施行案。

決議：通過。

十四、廣東省政府省務會議函稱：關於各縣農團自衛軍
　　　應受各縣縣長之節制指揮訓練一案，經決議請

中央執行委員會決定具體辦法，一方面由中央黨部分飭各處農會，一方面由省政府令行各縣分別遵照案。

決議：交農民部長核議具覆，候下次聯席會議時討論。

十五、澳門支部常務委員李君達同志報告：下半旗追悼廖公仲愷，被澳政府干涉，請指示辦法案。

決議：交廣東交涉員提出嚴重抗議。

十六、秘書處提出：第四次全體中央執行委員會議，應否展期案。

決議：展期，但最遲應於第二次全國代表大會三星期以前開會。

十七、李煜瀛、易培基二同志請將本黨每月補助北京大中公學經費，劃歸廣東大學支付案。

決議：照准。

十八、秘書處報告：惠潮梅旅省人民大會至本會請願，即日出兵肅清東江陳逆案。

決議：接受此項請願，交軍事委員會辦理。

十九、常務委員互推汪委員精衛任財務委員案。

決議：通過。

二十、汪委員精衛提出：鄒、林二常務委員現因公往

京，請以林委員祖涵代理常務委員案。

決議：通過。

二十一、林海外部長請准該部添用書記一人案。

決議：通過。

二十二、 林委員祖涵提議：由秘書處登報，請被國民
　　　　黨同志俱樂部盜名之各同志登報聲明案。

決議：通過。

第一百零九次會議

十四年九月廿一日

到會者：譚平山　汪精衛　譚延闓　林祖涵

主席：汪精衛

書記長：徐蘇中

文書科主任：郭威白

報告事項

一、主席恭誦總理遺囑，全場起立。

二、宣讀第一百零八次會議紀錄。

三、北京執行部報告：北京特別市黨部、直隸、山東省
　　黨部選出第二次代表大會出席代表，及直魯省黨部
　　正式成立案。

四、汪委員精衛報告：前次捕獲叛將梁鴻楷、張楨等，
　　即查得鄭潤琦、莫雄預謀，當時許崇智同志以陰謀
　　既經破露，梁等亦已被捕，鄭、莫脅從，當已覺
　　悟，且江門情況甚急，亦無暇及彼等，故暫不予深
　　究，令其駐屯東莞、增城、寶安等處，以觀後效。
　　豈知彼等兇頑成性，十九晚竟有開向省城襲擊之
　　耗，為黨軍所偵悉，蔣介石司令乃下緊急戒嚴令，
　　分兵保護各緊要地點，而以大隊馳往鎮壓，遂將亂
　　事撲滅。惟許同志以所部疊次謀叛，心甚不安，提
　　出辭職，昨政治委員會議決給假，令其赴滬休養，
　　以譚延闓同志署軍政部長，蔣中正同志收束粵軍一
　　切事務，特將此事始末情形，報告如上。

五、汪委員精衛報告：政治宣傳委員會成立於特別委員
　　會之時，當時係推出譚平山、陳公博二同志與精衛
　　為委員，精衛兼任主席，茲特將此事查出報告。

討論事項

一、青年部長鄒魯稱：現因公赴京，請以許崇清同志代
　　理青年部長職務案。

決議：通過。

二、海外部長林森稱：因公赴京，所有海外部職務，暫
　　由詹秘書菊似代理案。

決議：通過。

三、中央監察委員會函復：審查沈鐵錚叛黨附逆情
　　形，對於吳局長所擬辦法，尚屬平允，提出公決施
　　行案。

決議：照辦；由中央執行委員會宣佈開除黨籍，並函復
　　　公安局准如所擬辦理。

四、增城縣長呈復：查辦冒用縣黨部籌備委員會一案經
　　過情形，應如何辦理，請令遵案。

決議：傅仲銘著開除黨籍，並由組織部迅速派人前往增
　　　城縣黨部，一面將此案情形，函復省政府。

五、許崇智同志呈：請開出本兼各職，並審查各收入數
　　目案。
決議：給假赴滬休養。

六、政治委員會推薦程潛、李濟深為軍事委員會委員案。
決議：通過。

七、政治委員會推薦宋子文同志為國民政府委員案。
決議：通過。

八、邵元冲、戴季陶等彈劾鄧家彥誣衊總理案。
決議：革除黨籍，並宣布其理由。

九、譚委員平山提議：工人部長問題。
決議：在粵港罷工期內，工人部長事務，暫由政治委員
　　　會處理，工人部長暫不派員。

十、譚委員平山提出：省黨部成立時間問題，並請撥開
　　辦費二千元案。
決議：定十月十五日在中央執行委員會開會，經費二
　　　千元照撥。

十一、汪委員精衛提議：中央執行委員會移至省議會
　　　內，政治委員會亦移入該處後進樓上（原粵軍
　　　總司令辦事處）。將惠州會館移給中華全國總
　　　工會、廣州工人代表大會，並於門首建立廖仲

愷同志紀念碑案。

決議：通過。

十二、譚委員平山提議：省港罷工工人照相費由中央執
　　　行委員會補助案。

決議：通過；詳細辦法交組織部擬定。

十三、政治宣傳委員會提出：召集軍政學農工商各界
　　　大會，請追認案。

決議：追認。

十四、政治宣傳委員會提出：中國國民黨接受工商聯
　　　合宣言，請追認案。

決議：追認。

十五、譚委員平山提議：訓令國民政府及國民革命軍
　　　實行工商聯合之主張案。

決議：照辦。

十六、譚委員平山提：花縣縣黨部執行委員會報告，
　　　常務委員劉伯強被該縣無辜扣留請釋放案。

決議：一面電令該縣長先行釋放，並令省政府查辦此
　　　事，同時本會接得報告：花縣縣長徐式度有縱
　　　匪擾民情事，請省政府嚴密查辦具復。

十七、政治委員會函：請將農民自衛軍問題，由政治

委員會討論報告案。

決議：照准。

十八、政治委員會函達：關於黨代表與政治訓練部之
　　　關係議決案。

決議：照議；並函知軍事委員會及各軍。

十九、政治委員會函達：農民部特別經費預算決議，
　　　請查照案。

決議：通過；惟黨部經費，每月僅五萬元，現正聯合各
　　　部通盤籌畫，如特別經費不敷，應由政治委員
　　　會擔任。

二十、青年部長鄒魯報告：派孫甄陶為該部代表，赴
　　　各屬工作案。

決議：代表應為特派員，並須將工作隨時報告。

二一、秘書處提出：請派員與省政府組織委員會調查各
　　　地方民團、農團實情案。

決議：由本會農民部、軍事委員會、省政府各派一人組
　　　織委員會。

二二、秘書處提出：本黨荷支部執行委員會匯回援助滬
　　　粵工友學生捐款毫銀二千元，應撥交何處案。

決議：以一千元匯交上海工商學聯合會，以一千元交對
　　　外協會分配。

二三、秘書處提出：吧城老吧剎中華學校學生會匯寄
　　　募款六百元，又爪哇食品聯合會匯回毫銀四百
　　　元，均請發給罷工同胞，應撥交何處案。

決議：以上二款，均撥交省港罷工委員會。

第一百十次會議

十四年九月二十八日

到會者：汪精衛　譚延闓　譚平山　林祖涵

主席：汪精衛
書記長：徐蘇中
文書科主任：郭威白

報告事項

一、主席恭誦總理遺囑，全場起立。

二、宣讀第一百零九次會議紀錄。

三、汪委員精衛報告：政治委員會推舉李福林為軍事委
　　員會委員。其理由因軍政號令若不能統一，則辦事
　　頗多滯延，如增城袁蝦九劫殺村民案，軍事委員會
　　與軍事廳因權限不明，致延時甚久，未能即辦。近
　　有鑒於此，擬將軍權完全歸諸軍事委員會之手。前
　　本委譚委員延闓代理軍事部長，現譚委員因此不欲
　　再行組織，今以軍事部長名義，另重大事件與軍事
　　委員會主席共同署名，軍事廳亦即裁撤。許崇智同
　　志離粵時，本擬由李福林代軍事廳長，現軍事廳既
　　裁撤，故特提李為委員，茲提出報告如上。

討論事項

一、政治委員會函稱：決議推舉李福林同志為國民政
　　府軍事委員會委員，已致函通知其即日就職，請追

認案。

決議：追認。

二、湖北省黨部函稱：推定女同志何功華、杜絑、元紹
　　卿，請指派一人為出席全國大會代表案。

決議：指定何功華。

三、駐古巴總支部函請通飭各機關通緝逆黨蕭維一嚴
　　辦案。

決議：照辦；並密令廣州衛戍司令部執行。

四、駐日總支部呈請解釋黨部委員請假期限案。

決議：執行委員離職時不能派人代理。

五、佛山市黨部宣傳部長劉魯際函稱：每日派黨員、農
　　友、工友共六人參加軍人宣傳隊，舉辦一月，請撥
　　給膳費銀九十元案。

決議：交常務委員照撥。

六、粵軍特別黨部常務委員林柏生建議：該部結束改組
　　辦法請核示案。

決議：交組織部核辦。

七、組織部提出：派員改組中山縣執行委員會案。

決議：

　　（一）冼達元停止職務，交中央監察委員會審查。

（二）中山縣黨部執行委員會因辦理不善，所有執行
委員一律停止職務，即由中央特派員三人前往
該縣，組織改組委員會，執行改組事宜。

八、組織部提出：撤銷東莞縣黨部籌備處，另行派員前
赴該縣整理黨務，依照縣代表大會組織法，召集改
選案。

決議：照准。

九、組織部提出：規復第七十一次會議所通過市縣黨部
最低限度預算案。

決議：恢復本會第七十一次會議所通過市縣黨部最低
限度預算，函知省政府查照，並訓令各市縣黨
部力籌自給，此訓令由組織部擬稿，交秘書處
發佈。

十、組織部提出：對於廣西李黃最近限令各縣長自行籌
備縣黨部一事，應訓令制止案。

決議：訓令制止。

十一、海外部提出：據墨西哥總支部代表麥興華呈稱：
聘請陳承謨同志赴墨，為辦報專員，旅費薪金
由墨總支部完全負擔，請加委以專責成案。

決議：照准加委。

十二、陸軍軍官學校校長蔣中正、黨代表汪精衛請以

邵力子為該校政治部主任，魯易為副主任案。

決議：通過。

十三、國民革命第一軍政治部提出組織單行法規草
　　　案，請審查案。

決議：交汪精衛、譚平山、林祖涵三委員審查。

十四、廣東電報罷工委員會通電罷工，前廣東電政同
　　　盟會代表馬芳昌、前廣東電報職工維持會代表
　　　羅策兼請予維持案。

決議：交政治委員會迅速辦理。

十五、組織部提出：請規定各特別黨部及特別區黨部
　　　名稱案。

決議：所有從前之特別區黨部，應一律改為特別黨部，
　　　惟軍隊中之特別黨部，其選舉法與省同，其餘
　　　另定。

十六、譚委員平山提議：由本會發起開一廣九、廣三、
　　　粵漢三路工人聯歡大會案。

決議：通過。

十七、國民革命第一軍軍長蔣中正、黨代表汪精衛請
　　　以周恩來為該軍第一師黨代表，賀衷寒為第一
　　　師第一團黨代表，金佛莊為第一師第二團黨代
　　　表，包惠僧為第一師第三團黨代表，徐堅為第

二師第四團黨代表，嚴鳳儀為第二師第五團黨
代表，蔣先雲為第三師第七團黨代表，張際春
為第三師第八團黨代表，王逸常為第三師第九
團黨代表案。

決議：照准。

十八、汪委員精衛推譚委員平山代理常務委員案。

決議：通過。

十九、汪委員精衛提議：各黨部黨員，如被地方長官
　　　認為犯法時，除現行犯外，應先密呈本黨中央
　　　執行委員會候覆許可，始得拿辦；請訓令省政
　　　府，轉飭各縣長遵照案。

決議：通過。

第一百十一次會議

十四年十月五日

到會者：汪精衛　譚平山　譚延闓　林祖涵　鄧澤如

主席：譚平山

書記長：徐蘇中

文書科主任：郭威白

報告事項

一、主席恭誦總理遺囑，全場起立。

二、宣讀第一百十次會議紀錄。

三、廣東省政府函覆：已議決由民政廳、農工廳各派一人，會同辦理調查各地方民團農團實情。

四、國民革命軍第一軍政治部主任周恩來報告：該軍第三師第九團黨代表王逸常，已由汪黨代表調任為第三師第一補充團黨代表，請即改發委任狀。

五、暹羅朗喧埠華僑陳振南等函稱：由廣東銀行匯寄孫公紀念堂捐款三百八十元，請查收案。

討論事項

一、汪委員精衛報告：熊克武私通敵人，危害政府，其罪狀，國民政府命令中已詳述。此處應補說者，即去歲代表熊克武來粵之但懋辛，於九月廿九日親筆致林虎之函，被陳銘樞師長在興寧林虎司令部搜出，其今年八月三十日致熊克武及余際唐函，以及

陳炯明、劉沛泉致熊克武之函，亦於十月三日在熊克武寓中搜出，其勾結為禍之心，昭然若揭，今此數函，已交與民國日報製為電版，逐日發表，其親筆之函件，將來再交與中央執行委員會或國民政府，熊克武本為中央執行委員會委員，應予以若何處置，請公決。

決議：熊克武應先解除本會執行委員職務，聽候本會審判。

二、鄧委員澤如提議：孫公紀念堂捐款限十月彙報，以前發出之捐冊，為楊希閔、劉震寰取去者，查出號數，登報取消案。

決議：通過。

三、政治委員會函稱：議決推舉古應芬為國民政府軍事委員會委員，已函請即日就職，請追認案。

決議：追認。

四、政治委員會議決：任命王柏齡為陸軍軍官學校教育長，請追認案。

決議：追認。

五、廣東民政廳長古應芬函稱：據花縣縣長徐式度代電稱，扣留劉伯強係因其具保交代案內之人，不能交出，請本會核定辦法，以憑飭遵案。

六、花縣縣黨部電控該縣縣長徐式度擅行押劉同志伯
　　強，請撤職查辦案。

決議：以上二案，由中央監察委員會、本會組織部各派
　　　　一人前往花縣並案查辦。

七、省港罷工委員會函：請制止廣海區黨部武裝糾察
　　團，以免事權不一案。

決議：制止。

八、何香凝、林祖涵、陳公博、譚平山、甘乃光、詹
　　菊似、鄧青陽、郭威白提議：於中山路旁撥空地
　　一處，建築仲愷紀念花園，其內附設農人工人學
　　校案。

決議：由本會發起並組織一仲愷紀念公園籌備委員會，
　　　　除提案人外，另指定汪精衛、譚延闓、古應
　　　　芬、伍朝樞、宋子文、鄧澤如、李作榮、朱培
　　　　德、蔣介石等九人。

九、汪部長精衛提議：請以毛澤東代理宣傳部長案。

決議：通過。

十、林委員祖涵提議：青年部長鄒魯因公北上，代理部
　　長許崇清復因事離粵，現距大會開會之期甚近，各
　　部重要議案正在著手編輯，該部未便無人負責案。

決議：派郭威白兼任青年部秘書。

十一、組織部長譚平山提議：該部增加幹事一人，錄事
　　　一人案。
決議：通過。

十二、譚委員平山報告：第一百十次會議議決將國民革
　　　命軍第一軍政治部提出之黨軍中政治組織單行
　　　法規草案，由常務委員會審查。現審查結果，
　　　除應將所有黨軍二字一律改為國民革命軍第一
　　　軍外，大致尚妥，應准予備案案。
決議：通過。

第一百十二次會議

十四年十月八日

中央執行委員、監察委員、各部部長聯席會議

到會者：汪精衛　鄧澤如　林祖涵　陳公博　譚平山
　　　　何香凝　甘乃光　詹菊似

主席：汪精衛
書記長：徐蘇中
文書科主任：郭威白

報告事項
一、主席恭誦總理遺囑，全場起立
二、宣讀第一百十一次會議紀錄。
三、婦女部長何香凝報告：已於本月三日銷假視事案。

討論事項
一、汪委員精衛提議：每次開會宣讀上次會議錄時，同
　　時應審查決議各案，已否辦畢。
決議：通過。

二、甘代部長乃光報告：派員往梧調查梧州市黨部何
　　劍翼、李血淚等糾紛情形，雙方各走極端，互有不
　　是，請公決案。
決議：梧州市黨部職員與此案有關係者，均撤換，由組
　　織部另派人前往。

三、汪委員精衛提議：由中央執行委員會發起各級黨部
　　代表大會案。

決議：通過；由常務委員擬定詳細規則。

四、譚委員平山提出：政治宣傳委員會擬辦特別宣傳
　　班案。

決議：通過。

中國國民黨政治宣傳委員會聽講人數表

各級黨部五十人　　　　　　組織部選送

省港罷工工人一百人　　　　省港罷工委員會選送

廣州工人五十人　　　　　　工人部選送

農民五十人　　　　　　　　農民部選送

商人二十五人　　　　　　　商民部選送

婦女二十五人　　　　　　　婦女部選送

學生五十人　　　　　　　　青年部選送

軍人一百人　　　　　　　　各軍校選送

華僑五十人　　　　　　　　海外部選送

中國國民黨政治宣傳委員會特別宣傳班科目表

科目	時間及次數	講師
戰事報告	六小時三次	參謀團
政治報告	四小時二次	汪精衛
國際政治報告	二小時一次	鮑羅庭
黨務報告	二小時一次	譚平山
孫文主義	四小時二次	甘乃光
帝國主義	四小時二次	汪精衛
民族問題	四小時二次	鮑羅庭
廣東政府與大英帝國主義	四小時二次	譚平山
農工運動	六小時三次	陳公博、馮菊坡、阮嘯仙

中國國民黨政治宣傳委員會特別宣傳班講演時間表

時間 星期	9-10	10-11	11-12	12-1	1-2	2-3	3-4	4-5
一	國際政治報告（鮑）	國際政治報告（鮑）	休息		戰事報告	戰事報告	黨務報告（譚）	黨務報告（譚）
二	孫文主義（甘）	孫文主義（甘）	休息		政治報告（汪）	政治報告（汪）	農工運動（陳）	農工運動（陳）
三	民族問題（鮑）	民族問題（鮑）	休息		戰事報告	戰事報告	廣東政府與大英帝國主義（譚）	廣東政府與大英帝國主義（譚）
四	政治報告（汪）	政治報告（汪）	休息		帝國主義（汪）	帝國主義（汪）	農工運動（馮）	農工運動（馮）
五	民族問題（鮑）	民族問題（鮑）	休息		戰事報告	戰事報告	廣東政府與大英帝國主義（譚）	廣東政府與大英帝國主義（譚）
六	孫文主義（甘）	孫文主義（甘）	休息		帝國主義（汪）	帝國主義（汪）	農工運動（羅）	農工運動（羅）

五、何部長香凝提議：廖仲愷同志已決定附葬南京紫金
　　山，請指定同志辦理葬務案。

決議：不另派人，由孫中山先生葬事籌備委員會兼辦。

六、譚委員平山提議：現廣東各界常召集之代表大會，
　　俱係臨時機關，請組織一統一廣東各界代表會，以
　　為固定機關案。

決議：通過。

統一廣東各界代表會大綱

一、組織　本會以下列各團體共同組織之：

　　1. 中國國民黨中央黨部，

　　2. 中華全國總工會，

　　3. 省港罷工委員會，

　　4. 中國青年軍人聯合會，

　　5. 廣東各界對外協會，

　　6. 廣東省教育會，

　　7. 廣東農民協會，

　　8. 廣州報界公會，

　　9. 廣東總工會，

　　10. 廣州工人代表會，

　　11. 廣州學生聯合會，

　　12. 廣州總商會，

　　13. 廣東商會聯合會，

　　14. 廣州市商會，

　　15. 廣州商民協會，

　　16. 廣州市特別市黨部，

　　17. 南洋總支部，

　　18. 婦女解放協會，

　　19. 惠潮梅各界聯合會，

　　20. 八屬各界聯合會。

二、本會應做之工作大概如下：

　　1. 援助前敵軍人事項：

　　　　(1) 供給前敵軍人宣傳品；

　　　　(2) 供給前敵軍人醫院品；

  (3) 組織慰勞隊出發東江慰勞前敵軍人；

  (4) 組織看護隊出發救護前敵軍人。

 2. 關於本市宣傳事項：

  (1) 組織游行演講隊；

  (2) 組織群眾大會；

  (3) 組織民眾示威運動；

  (4) 派人到戲院、學校等演講；

  (5) 分派日刊、圖畫、傳單等件。

 3. 關於前敵及各地宣傳事項：

  (1) 組織前敵宣傳隊；

  (2) 寄送宣言、傳單、日刊、圖畫等件。

 4. 關於募捐事項：

  召集省港罷工工人、農民、男女學生及其他人民組織募捐隊向各界捐款，預備捐款箱筒、徽章及捐冊等，並說明捐款之用途限於宣傳。

三、關於宣傳內容事項：

 1. 說明陳炯明、林虎等小軍閥被帝國主義者所收買，以破壞革命政府之統一的建設工作，因為廣東統一足以制香港政府之死命。

 2. 說明帝國主義者欲剷除中國國民革命之根據地。

 3. 說明英帝國主義者欲利用陳炯明林虎等以武力破壞救國的政治罷工，而不肯用和平或妥商的方法。

 4. 說明帝國主義者收買反革命軍人以破壞中國人民要求廢除不平等條約之聯合戰線。

 5. 在此次戰爭中我們的口號是：

(1) 使廣東民政、軍政、財政統一。

(2) 使中國國民革命的基礎更加鞏固。

(3) 使三民主義得以實現，即是使中國民族自帝國主義者羈絆中解放出來，使中國人民得自立於統治地位，使中國人民得享有經濟幸福。

(4) 使孫中山先生的遺囑得以次第實現。

七、譚常務委員平山、林常務委員祖涵：請修改秘書處辦事細則案。

決議：交常務委員修改。

八、譚委員平山提議：凡用中央執行委員會名義發表各件，非經會議決定不可，但常務委員於必要時，得先用中央執行委員會名義發表，後請追認案。

決議：通過。

九、譚部長平山報告：組織部今日下午召集各黨部聯席會議，討論區分部問題，請本會派人出席案。

決議：派鄧委員澤如出席。

十、中華全國總工會請捐助二千元，為該會搬遷會所經費案。

決議：捐助一千元。

十一、湖北省黨部報告：鄧繼松同志因作農民運動，為地方劣紳匪首所槍殺，應如何撫卹，請核示祗

遵案。

決議：以中央執行委員會命令表彰，並函湖北省黨部調
　　　查鄧同志家屬情形。

十二、海外部提出：據星洲第一、二、三分部代表歐世
　　　欽面稱，第二分部同志黃昌積等，因援助五卅
　　　案被奸商誣陷，為英政府拘禁，請設法援救，
　　　並查究奸商，以儆奸險案。

決議：將該奸商等姓名存案。

十三、秘書處提出：請審定宣傳部擬定之紀念週格
　　　言案。

決議：紀念週手摺上只印總理遺囑及革命尚未成功同志
　　　仍須努力二語。

十四、汪委員精衛提議：每週各級黨部代表大會時，
　　　同時舉行紀念週，中央執行委員會常會日期應
　　　改定，以免衝突案。

決議：中央執行委員會常會改為星期二與星期五上午九
　　　時至十二時。

十五、何部長提議：召集軍人家屬組織看護隊，同時
　　　作黨務上政治上宣傳案。

決議：交婦女部籌辦。

十六、汪委員精衛提議：請派人代理青年部長案。

決議：以陳公博兼代理青年部長。

第一百十三次會議

十四年十月十三日

到會者：譚平山　鄧澤如　汪精衛　譚延闓　毛澤東
　　　　林祖涵

主席：林祖涵
書記長：徐蘇中
文書科主任：郭威白

報告事項

一、主席恭誦總理遺囑，全場起立
二、宣讀第一百十二次會議紀錄。
三、譚委員平山報告：上次會議汪委員精衛提議，由中
　　央執行委員會發起各級黨部代表大會一案，決議通
　　過，由常務委員擬定詳細規則，現已擬定，特提出
　　報告。

各級黨部代表大會組織大綱

　　第一條　本會係根據中央執行委員會第一百十二次
　　　　　　會議決議組織之。
　　第二條　出席本會之代表為下列數種：
　　　　　　（一）中央執行委員會委員及全體職員；
　　　　　　（二）中央監察委員會委員及全體職員；
　　　　　　（三）廣州特別市黨部執行委員、監察委員
　　　　　　　　　及全體職員；
　　　　　　（四）廣州市內每區黨部派出三人；

（五）廣州市內每區分部派出三人；

（六）每特別黨部派出三人。

第三條　本會之組織如下：

（一）主席團　由每次出席之代表，互選九人組織之。

（二）秘書處　由中央執行委員會指定秘書長一人、秘書若干人組織之。

第四條　本會每週開會一次，時間為每星期一上午九時起至十二時止。

第五條　本會開會之程序，除有特別事故應臨時規定外，其通常者大要如左：

（一）舉行紀念週：

(1)向總理遺像行三鞠躬禮；

(2)由中央執行委員宣讀總理遺囑及格言；

（二）中央執行委員會報告及討論；

（三）政治委員會政治報告並討論；

（四）各級黨部報告並討論；

（五）其他報告並討論。

第六條　本大綱有未盡事宜，得由出席大會代表請求中央執行委員會常務委員修改。

四、林委員祖涵報告：上次決議，秘書處辦事細則由常務委員修改，現已改定，特提出報告。

中央秘書處辦事細則

十四年十月十三日

第一屆中央執行委員會第一一三次會議通過

第一條　本處於常務委員之下，設書記長一人，文書、機要、會計、庶務四科主任三人，書記、幹事、助理員及錄事若干人，處理本處一切事務。

第二條　書記長承常務委員之命，監督指揮本處一切事務。

第三條　文書科主任一人，書記四人，錄事無定額，其職權如左：

一、監察收發文件；

二、分配外來文件於各科；

三、草擬並修改文稿；

四、編議事日程；

五、編紀會議錄，並整理各種案件，附於會議錄後，當開會時司分發之責；

六、編造全會成績報告；

七、助書記長招待來賓及問事者。

第四條　機要科主任一人，書記一人，錄事無定額，其職權如左：

一、掌理電報；

二、保存會議卷宗文件；

三、辦理決議案件；

四、保管印信；

五、管發襟章。

第五條　會計科主任一人，幹事一人，收捐專員一
　　　　人，其職權如左：

一、經收所得捐；

二、發給員役薪水；

三、保管存款；

四、掌理其他一切出納事項；

五、編造本會預算決算表。

第六條　庶務室以幹事一人負責，助理三人輔之，
　　　　其職權如左：

一、管理本會雜役；

二、採辦各項物品並保管之；

三、佈置各種會場；

四、擔任其他一切雜務；

五、監督本會內一切衛生清潔事宜。

第七條　印刷室屬於文書科，受文書科主任之指揮
　　　　與監督。

第八條　書記、幹事、助理員、及錄事等均承各該
　　　　科主任之命，執行職務。

第九條　凡本處所收文件，由收發摘由登記，送常
　　　　務委員批註，交書記長分發各書記擬稿，經
　　　　主任核改，書記長審定後，送交常務委員簽
　　　　名發布。

第十條　凡承辦文件之人，皆須簽名或蓋章於稿紙，
　　　　數人共辦一件，則聯帶簽名或蓋章。

第十一條　會計科應於每月初五日以前，將前一月之收
　　　　支狀況造報，送監察委員會審查，並一面報

告中央執行委員會，於開常會時宣布之。

第十二條　庶務採辦物品，須以本處印條為憑。

第十三條　每日辦事時間上午九時至十二時止，下午
　　　　　二時至五時止。

第十四條　星期日以主任一人，書記三人，錄事三人
　　　　　輪值。

第十五條　凡有事故不能到處服務者，須向書記長或各
　　　　　該科主任請假；書記長有事故時，亦須向常
　　　　　務委員請假，主任則向書記長請假。但請假
　　　　　期限，除經常務委員或書記長特許外，月不
　　　　　得過三日。

第十六條　本細則有修改之必要時，由常務委員修
　　　　　改之。

討論事項

一、秘書處提出：政治委員會議決，派張靜愚為兵工廠
　　黨代表，已由本會用命令通知，請追認案。

決議：追認。

二、汪黨代表請以鮑慧僧為軍事委員會參謀團軍醫監黨
　　代表案。

決議：通過。

三、秘書處提出：雙十節用本會名義發一通告，勉勵各
　　同志努力國民革命，請追認案。

決議：追認。

通告　第二〇六號

　　為通告事，中華民國為吾黨諸先烈赤血所染成，辛亥十月十日為武昌起義之日，亦即中華民國奠基之始，凡吾同志，對於此日自不能不特別紀念。然民國雖成立十有四年，而一切軍權政權，均為軍閥所把持，貪恣暴戾，殘民以逞，更不惜為帝國主義之走狗，凡帝國主義者所認為不利者，無不承意摧殘，最近如張作霖軍隊一到上海，而上海總工會、學生總會，即被封閉，並捕拿為愛國運動首領之人。以中華民國之軍隊，而仇視中華民國愛國者，非僅喪心，抑亦無恥，民國至此，已名存而實亡矣。凡吾同志，丁茲國慶日，當念吾黨諸先烈解放吾人於滿人之手，但不久吾人之自由，復被軍閥攘奪以去。吾黨總理，畢生致力之國民革命，尚未成功，後死同志，皆當一致努力，剷除國民革命中之障礙物，即打倒軍閥，打倒帝國主義，前者甘為鷹犬，後者發縱指示，皆當分別撲滅。今者英國帝國主義者，利用陳炯明擾亂東江，此蓋襲用其十餘年來利用袁世凱、段祺瑞、吳佩孚、張作霖之慣技，彼不遣一兵，不失一彈，使吾人自相殘殺，而坐收漁人之利，其用心凶狠，實為可惡。陳炯明等愚頑成性，甘作虎倀，吾同志既對於帝國主義者皆有滅此而後朝食之心，則對於為帝國主義者鷹犬之陳炯明、林虎等，非以全力掃除不可。蓋掃除東江餘孽，即為打倒帝國主義之初步，亦即國民革命成功之初步也。今數萬革命軍人，出發東征，即為實現此目的起見，凡我同志未能赴前敵殺賊者，皆當各盡所能，為革命軍盡力，尤當努力鼓勵前敵軍人，使東江殘逆，早日就擒，革命前途，實利賴之。今日為民國十四年之國慶

日，吾同志除慶祝吾人已解放於滿人之手外，尤當念及現
正受壓迫於軍閥與帝國主義者雙層之下，非聯合團結、努
力於國民革命工作，不易脫除。務各努力，特此通告。

中央執行委員會
十月八日

四、秘書處提出：軍事委員會函請凡本黨同志探得敵人
　　消息，須報告該會案。
決議：由中央通告各黨員，凡有探得敵人消息，須報告
　　　軍事委員會，但應說明消息來自何處，及載明
　　　姓名、住址、黨證號數。

五、江蘇省黨部呈稱：戴季陶同志印行國民革命與中國
　　國民黨一書，影響殊為不良，應如何設法防止，請
　　指示遵行案。
決議：
　　（1）通告各黨員此書係戴同志發表其個人意思，並
　　　　未經中央鑑定；
　　（2）訓令黨員，凡關於黨之主義與政策之根本原則
　　　　之言論，非先經黨部決議，不能發表；
　　（3）函復江蘇省黨部，將訓令通告附入。

六、毛委員澤東請促戴季陶同志來粵工作案。
決議：通過。

七、廣九鐵路工人聯合會函：擬請設立特別區黨部，並

舉定三人為籌備專員，請發給證章及指示一切案。

決議：交組織部。

八、組織部提出：本部並未派呂國治籌備粵軍南路第二
　　　師黨部，究竟係何機關所派，請追究案。

決議：函粵軍南路第二師，本會並未派呂國治赴該師組
　　　織黨部，並函中央監察委員會審查呂國治假冒
　　　罪狀。

九、陸軍軍官學校校長蔣中正、黨代表汪兆銘呈報開辦
　　　入伍生團，購辦裝具並補充學生服裝各費臨時預算
　　　書，請鑒核轉飭照撥案。

決議：交軍事委員會。

十、陸軍軍官學校校長蔣中正、黨代表汪兆銘呈送十月
　　　份預算書，請鑒核並轉飭照撥案。

決議：交軍事委員會。

十一、秘書處提出：前經屢請各部按月造報月份工作，
　　　　多置不理，以致無從編纂；現第二次全國代表
　　　　大會將屆，亟須造報，請議定辦法案。

決議：催報。

十二、工人部提出：本部擬於部內設秘密調查員四人，
　　　　每人每月生活費四十元案。

決議：通過。

第一百十四次會議

十四年十月十六日

中央執行委員、監察委員、各部部長聯席會議

到會者：鄧澤如　汪精衛　譚平山　何香凝　林祖涵
　　　　毛澤東　詹菊似　甘乃光

主席：汪精衛

書記長：徐蘇中

文書科主任：郭威白

報告事項

一、主席恭誦總理遺囑，全場起立

二、宣讀第一百十三次會議紀錄。

三、農民部報告：派阮嘯仙出席組織委員會，調查各地
　　方民團、農團實情案。

四、譚部長平山報告：廣東省代表大會籌備經過，
　　截至昨日止，各處代表報告者有十四縣四市，共
　　二百七十六人。

討論事項

一、中央監察委員會函復：審查東莞縣黨部籌備員控
　　告倫湛恩等選舉舞弊一案情形，並擬具辦法，請公
　　決案。

決議：東莞縣黨部各籌備員辦理不善，互相糾紛，應
　　　一律撤消。另由組織部遴選公正同志前往籌

備，倫湛恩、莫萃華、張植源、周棠、陳均權
等五名，謝星南一名，均由中央黨部予以嚴重
訓誡。

二、海外部提出：請與省港罷工委員會籌商華僑復返美
　　洲辦法，以免誤期，而受損失案。

決議：由秘書處、海外部各派一人，往省港罷工委員
　　　會接洽辦理。

三、廣州特別市黨部函請特別市黨部與省黨部同等推薦
　　女同志三人，由中央指定一人出席第二次全國代表
　　大會，應用何種手續推出，請指定案。

決議：由廣州市女黨員大會推選。

四、秘書處提出：請決定對於廣西省黨部之辦法案。

決議：交政治委員會。

五、改造惠州同志會報告：林海山摧殘農會，經決議開
　　除會籍，並請開除該員黨籍案。

決議：交中央監察委員會。

六、汪財務委員精衛因事繁劇，難以兼任，提出辭職案。

決議：下次再議。

七、秘書處會計科主任伍哲夫呈請辭職案。

決議：下次再議。

八、秘書處收發員鄒仲平、助理員金佩瑤，請求增加薪水案。

決議：不准。

九、甘代部長乃光請增加商民運動講習所預算為一千二百元案。

決議：通過。

十、毛代部長澤東提議：中國國民黨概要第一集現已編就，內有秘密文件，應否發表，及印刷費由何處撥付，請公決案。

決議：由常務委員一人、中央監察委員一人及各部部長組織審查委員會審查，以常務委員為主席。

十一、汪委員精衛提議：關於黨史之編纂，應由本會組織編纂委員會辦理案。

決議：通過；並指定毛澤東、甘乃光、詹菊似三人起草章程，提出審定。

十二、譚部長平山報告：廣州市組織委員會之成立及其章程草案，請核准案。

決議：照修正文通過。

中國國民黨廣州市組織委員會組織章程

一、組織委員會根據十月八日中央黨部及特別市黨部各區黨部聯席會議議決組織之。

二、本委員會受中央黨部之指導及監督。

三、本委員會委員由中央黨部派出二人，特別市黨部派
　　出三人，各區黨部各派出一人為委員。

四、本委員會委員會議，以委員出席過半數為法定人
　　數，如委員因事缺席，須先行請假，但不得連續三
　　次，否則取消，通告另派。

五、本委員會為積極進行整理全市黨務起見，每星期至
　　少開委員會會議二次（以星期三、星期六下午一時
　　半為會議時間至三時止），如有緊要事件，得召集
　　臨時會議。

六、本委員會除設常務三人外，分設調查、指導、登
　　記、文書四部。

　　（甲）調查　調查全市各區黨部、各區分部現在
　　　　　情形。

　　（乙）指導　指導全市各區黨部、各區分部之組織
　　　　　事宜。

　　（丙）登記　登記全市各區黨部、各區分部黨員人
　　　　　數及地址、委員姓名。

　　（丁）文書　辦理本會來往各處文書事宜。

七、常務委員及各部職員由本委員會公推之，如本會
　　委員不敷分配時，得因事務繁簡，另聘會外同志充
　　當之。

八、本委員會議決各案，即報告中央黨部，及市黨部
　　後，由本委員會執行辦理。

九、本委員會辦事時間，每日由下午一時半至五時。

十、各部於本委員會會議時，須將工作分別報告。

十一、本章程如有應行增加修改時，得由本會委員提出
　　　會議決定之。

十二、本章程由委員會議決，經中央執行委員會核准
　　　施行。

十三、本委員會為臨時機關，俟各區黨部整理完竣，即
　　　宣告停止。

十三、譚部長平山報告：廣州市組織委員會決議：舉行
　　　廣州市黨員登記，除軍警同志及各特別黨部黨
　　　員外，須一律攜帶黨證到市黨部登記，時間由
　　　本月十九日至廿八日止上午九時至下午四時，
　　　請核准案。

決議：照准。

十四、譚部長平山報告：廣州市組織委員會請求將中央
　　　第七十五次會議所決議之徵求黨員委員會經費
　　　餘款，撥交該會，以便整理廣州市黨務，請核
　　　准案。

決議：照准。

十五、譚部長平山提出：派粟豐、甘立申、李貽蓀為梧
　　　州市黨部改組委員，並指定粟豐為主任案。

決議：通過

十六、譚部長平山提議：由中央執行委員會開會歡迎廣
　　　東省代表大會出席代表案。

決議：本月十八日下午，由中央執行委員會會同國民政
　　　府、廣東省政府、廣州市黨部、廣州市政府在
　　　本會大禮堂公讌各代表。

第一百十五次會議

十四年十月廿三日

中央執行委員、監察委員、各部部長聯席會議

到會者：譚平山　毛澤東　譚延闓　甘乃光　詹菊似
　　　　鄧澤如　林祖涵

主席：譚平山
書記長：徐蘇中

報告事項

一、主席恭誦總理遺囑，全場起立
二、宣讀第一百十四次會議紀錄。
三、川軍警備司令楊維等電告：公推湯子模軍長為川軍
　　總指揮案。

討論事項

一、湖南省黨部推薦女同志卜仁貞、趙先桂、朱舜華
　　三人，請指定一人為出席第二次全國代表大會代
　　表案。
決議：指定卜仁貞為出席第二次全國代表大會代表。

二、組織部提出：軍事委員會應組織一特別黨部，直隸
　　中央，其所屬之參謀團、軍需局，則組織團黨部、
　　局黨部等案。
決議：通過。

三、陸軍軍官學校特別黨部曹潤群、洪士奇控告青年軍人聯合會週刊汙衊戴季陶同志，請開除該週刊編輯及作者黨籍案。

四、陸軍軍官學校第二期畢業生楊彬、湯敏中等，請禁止青年軍人聯合會週刊汙衊戴季陶同志，並請開除著者及編輯黨籍案。

五、陸軍軍官學校第二期畢業生李煥芝、成剛、韓金諾、楊俊峯，請禁止青年軍人聯合會週刊污衊戴季陶同志，並請將該刊編輯主任及作文之新梧、雲龍開除黨籍案。

六、上海第二區黨部函請懲辦戴委員季陶以肅黨紀案。

決議：以上三、四、五、六各案，統交宣傳部審查報告，再行討論。

七、駐法總支部常務委員陳齊等報告：青年黨人陷害同志情形案。

八、海外部提出：法國總支部常務委員施益生函稱：被法驅逐到德，並請求四事案。

決議：七、八兩案併案討論：

　　（一）駐法國民黨內之青年黨人黃英等即行開除黨籍；

　　（二）施益生同志駐德生活費一百元，即日匯寄；

　　（三）至陷害同志之華法教育會書記何魯之，因該會係汪精衛等所創辦，故施之處分，應交汪精衛同志決定；

（四）中央允匯援救被逐同志之款，從速籌匯；

（五）答覆施益生，蔡元培原是本黨黨員，不過
尚未登記，然不可以其未登記執行排斥。

九、中山縣第二區黨員麥國均報告：該縣欖鎮民團長何
澤庭，第三區黨員何家政、梁烈強、杜澤等，受逆
黨委任，請密拿嚴辦案。

決議：交組織部。

十、孫文主義學會請每月津貼三百元案。

決議：交政治委員會核議。

十一、林森函請撥付湖北省黨部、漢口市黨部經費案。

十二、鄒魯函送湖北省黨部黨務報告，並請予以接
濟案。

決議：十一、十二兩案併交財政委員會籌撥，並令該會
從速編製本會全部預算，提出討論。

十三、鄒魯函送漢口市黨部要求條件，請核辦案。

決議：

（一）交組織部酌派委員前往助理；

（二）宣傳品令宣傳部照寄；

（三）開辦費一百五十元即匯。

十四、政治委員會函報：決議太平糾察隊與商民衝突

案，由中央黨部、省政府派員調查案。

決議：由工人、商民兩部各派一人前往調查。

十五、宣傳部提出：廣東週刊計畫案。

決議：交政治委員會。

十六、毛澤東、甘乃光、詹菊似提出：國民黨編纂委員會章程，請審定案。

決議：章程第一條之下（2）項，改為（1）項，餘照原文通過。

十七、汪財務委員因事繁劇，難以兼任，提出辭職案。

決議：慰留。

十八、秘書處會計科主任伍哲夫呈請辭職案。

決議：慰留。

十九、譚委員平山提議：廣東省黨部執行委員及監察委員，擬請由本會指定，交該省黨部代表大會通過案。

決議：委託政治委員會指定後，由中央執行委員會代表提交該省黨部代表大會通過。

二十、陸軍軍官學校校長蔣中正、黨代表汪兆銘呈請開除潛逃學生符步瀛黨籍案。

決議：照准。

第一百十六次會議

十四年十月廿六日

到會者：汪精衛　陳公博　甘乃光　譚平山　林祖涵

主席：汪精衛
書記：郭威白

報告事項
一、主席恭誦總理遺囑，全場起立

討論事項
一、譚委員平山報告：政治委員會會議決，此次廣東省
　　黨部執行委員九人、監察委員五人名單，交廣東省
　　黨部代表通過，各代表對於中央名單均願通過，惟
　　要求中央給以些少選擇權，即做前次廣州市選舉辦
　　法，由中央指定，比原額三倍人數，由各代表於中
　　選舉案。

決議：於政治委員會決定名單外，再增加執行委員
　　　十八人、監察委員十人，由廣東省黨部出席代
　　　表從中選出執行委員九人，監察委員五人。
　　　執行委員：陳公博　林近亭　甘乃光　彭　湃
　　　　　　　　何釗臣　陳孚木　鄧一舟　劉爾崧
　　　　　　　　楊匏安　何香凝　余心一　黃旭昇
　　　　　　　　邱家駿　李祿超　鍾毓奇　范其務
　　　　　　　　侯民一　廖冰筠　黎廉一　羅緯疆

羅　偉　　黎樾廷　　王鏡波　　羅國杰

李霞舉　　劉魯際　　譚桂萼

監察委員：古應芬　　何仿泉　　林雲陔　　梁禹儔

李濟深　　蔡漢升　　伍朝樞　　羅　景

宋子文　　翟泰階　　陳銘樞　　姜英毅

劉栽甫　　楊其珊　　馬洪煥

第一百十七次會議

十四年十月三十日

中央執行委員、監察委員、各部部長聯席會議

到會者：林祖涵　譚平山　何香凝　陳公博　鄧澤如
　　　　詹菊似　甘乃光　毛澤東　汪精衛

主席：譚平山
書記長：徐蘇中
文書科主任：郭威白

報告事項

一、主席恭誦總理遺囑，全場起立

二、宣讀第一百十五及一百十六次會議紀錄。

三、汪委員精衛報告最近軍事情形云：東江敵軍現已變
　　成流寇，若遽長驅入潮汕，則彼輩將竄入閩贛，現
　　東征軍決計包圍剿滅，免賊竄逃，再貽後患，預計
　　十日內東江方面必可肅清。南路軍事，前數日非常
　　緊急，因梁鴻林受陳炯明一萬元之賄賂而背叛，鄧
　　本殷兵隊遂得至恩平，陳師長銘樞以三千人被敵眾
　　萬餘包圍於單水口者數日，政府即派第三軍與兵艦
　　二艘往援，現敵已為我方擊散，退往開平等處，幾
　　不成軍，南路之賊，已不足平矣。

四、上海執行部葉紉芳同志報告：上海黨部經濟困難
　　情形。

五、北京執行部報告：追悼廖仲愷同志大會，及直魯兩
　　省黨務近況。

六、陝西臨時省黨部報告：已於九月廿六日成立臨時省
　　黨部。

七、順德縣黨部報告，追悼廖、陳二公大會情形。

八、駐南美洲智利本黨意基埠分部報告：遵令下旗並通
　　令黨員纏黑紗誌哀廖仲愷同志。

九、國民革命軍第五軍長李福林報告：剿辦九江逆黨周
　　漢鈴情形。

十、江西省黨部報告：選出趙幹、劉承休、許鴻三人為
　　第二次全國代表大會出席代表案。

討論事項

一、政治委員會函復：議決廣西省黨部籌備處青電所請
　　各節，均宜照准案。

決議：通過。

廣西省黨部籌備處來電文

中央執行委員會鈞鑒：

　　查本省黨部經過情形及進行成績，前經皓電報告在
案，茲查全省各縣報告成立縣黨部籌辦處已達六十縣，
各該縣區分部亦經陸續成立，現因第二次全國代表大會
開會期間為時甚近，亟應趕辦全國大會代表之選舉，以
便選派代表出席。所有此項選舉票式樣，應請鈞會即行
頒發，俾便照章辦理，無任企禱。

　　　　　　　　　　　廣西省黨部籌辦處呈青借印

二、中央監察委員會函復：審查孔庚與容漢輝互控案情
　　　形，請提出公決案。

決議：毋庸議。

中監會審查孔庚與容漢輝互控案

逕啟者：

　　案准貴會函開：案查本會第八十六次會議討論：孔
庚函稱容漢輝妄加揣測，指為唐繼堯代表一事，請傳集
雙方審訊明白一案，決議：交中央監察委員會等因；相
應檢同孔庚原函乙件，送請貴會審查辦理，仍希將辦理
情形見覆，至紉公誼等由；附原一件到會。准此，當經
調取容漢輝原函一件，孔庚覆函一件，並設法搜獲孔庚
所發表之宣言一件，分別詳加審查，茲將審查結果，分
條陳述如下：

甲、本案之事實：

（一）孔庚之來粵

　　　孔庚來粵之目的：

　　　（1）為祭奠先帥，

　　　（2）為本黨改組須有照章加盟，

　　　（3）與各同志商議團結西南出兵長江之進行
　　　　　　方法。

　　　　　（見孔庚五月二十日、二十一日兩函，及
　　　　　　五月二十七日宣言。）

（二）容漢輝之報告

　　　容漢輝認孔庚為滇唐代表，故函請本黨部：

　　　（1）訓令孔庚通電服從本黨主張，脫離唐逆關係；

　　　（2）轉請政府驅逐出境，或施以囚禁。

（見容漢輝五月十五日函。）

（三）孔庚之控告

　　孔庚控告容漢輝妄加揣測，指為滇唐代表，種種
　　誣衊，請通知革命政府組織一高等軍法會審，傳
　　集雙方訊明，以為黨員誣陷黨員者戒。附帶請求
　　將香港中國新聞報一併歸案審判，以肅紀律。

　　（見孔庚五月廿二日函）

乙、理由：

　　查本案係以孔庚是否為滇唐代表為先決問題，則甲
項之第一、二兩條自然迎刃而解，本會根據甲項之事實
加以解剖的研究，而為左之論斷：

（一）孔庚之主張及態度　孔庚來粵之目的，既如甲項
　　　第一條之所述，抵粵後，亦只有依此目的從事進
　　　行，並無發生其他問題。甲項第一條第三款係屬
　　　孔庚個人之主張，凡屬黨員，對於黨國如有良好
　　　意見，盡可獻議，以備採納。孔庚認其個人之主
　　　張為有利益於黨國，向本黨及黨政府條陳，亦屬
　　　黨員應有之責任；至其所條陳能否得採納，其權
　　　在本黨及黨政府，既無強迫挾制的手段，自不發
　　　生影響觸犯黨律之行為。綜觀孔庚在粵之行為，
　　　與兩次來函之聲明，及發表之宣言，其態度已
　　　甚明瞭；至其是否為滇唐代表一節，孔庚既未曾
　　　以唐氏代表名義逕向何方接洽，容漢輝之報告，
　　　並無確據之指明，本會經種種調查手續，亦無事
　　　實足以證明其為何方代表者，未便以影響揣測之
　　　詞，故入人罪。

（二）容漢輝之報告失實　容漢輝以孔庚來自雲南，雲南為西省團結之一，亦在籌商團結之列，又據社會報章之喧傳，遂指為滇唐代表，逕向中央擬請依照甲項第二條辦理，認識不清，其觀察力未免薄弱，又何怪孔庚提出甲項第三條之控告。

丙、本會對本案之意見：照乙項第一、二兩條之論斷，則本案情形業已大白，茲特擬定辦法二條：

（一）撤銷孔庚之請求及附帶請求　孔庚之態度既已明瞭，其是否為滇唐代表，亦無充分之證據，修德足以息謗，又何恤乎人言，嗣後惟有努力為黨奮鬥，冀樹事功，殊無組織軍法會審之必要，且孔庚離粵日久，亦無傳集雙方會審之可能。附帶請求一節，即香港中國新聞報業已停辦，更無庸多此一舉，均應一概撤銷，以息糾紛。

（二）容漢輝的免處分　容漢輝報告雖屬失實，究係出於愛黨熱誠，執行區分部之決議案，並無個人私見夾雜其間，孔庚請求反坐一節，應免深究。

　　謹將本會審查本案情形，函覆貴會查照，提出公決，並答示原提出人知照。此致中央執行委員會

中央監察委員會

十月二十二日

三、北京執行部秘書處函：請速寄該部經費，並第二次大會代表及歐洲總支部代表黃英路費案。

決議：電復：經費俟下月底籌寄，並通知黃英現已開除黨籍，其代表資格當然取消。

四、上海執行部請將各職員欠薪匯款清發，並以後按照
　　預算逐月接濟案。

決議：由財務委員即日籌寄大洋五千元，以三千元維
　　　　持現狀，以二千元發欠薪；薪水少者，欠薪酌
　　　　量多發。

五、江蘇省黨部請速將該黨部預算案批准，撥發接濟案。

決議：照准。

六、四川臨時省黨部報告：推定廖竹君、郎明欽、盧丁
　　　筱茹三女同志，請指派一人為該省出席第二次全國
　　　代表大會代表案。

決議：指定廖竹君。

七、秘書處報告：第二次全國代表大會出席代表，除海
　　　外有九人報到外，國內尚無一人報到案。

決議：現時交通不便，各代表來往頗為困難，第二次
　　　　全國代表大會開會日期，應即展緩，候交通恢
　　　　復再行決定。海外報到代表，由中央執行委員
　　　　招待，開談話會討論海外黨務。

八、秘書處提出：第四屆全體中央執行委員會議，原定
　　　本月廿六日開始，現為期已過，未能開會，應若何
　　　辦理案。

決議：大會既已展期，第四屆全體中央執行委員會議亦
　　　　照展至大會開會前三星期。

九、秘書處提出：請追認慰問國民革命軍第一軍第四團
　　公函案。

決議：追認。

十、秘書處提出：請追認致廣州各教育機關召集全體學
　　生於廿五日出席人民代表大會公文案。

決議：追認。

十一、農民部長陳公博函送調查寶安縣農民被防軍汙
　　　吏劣紳土豪串殺擄搶案經過情形報告書，請查
　　　照核辦案。

決議：彙交政治委員會辦理。

十二、政治委員會函報該會決議：全體中央執行委員
　　　會議只可在國民政府所在地之廣州舉行，以便
　　　行使指導監督之職權案。

決議：通過。

政治委員會來函

逕啟者：

　　本會第三十九次會議議決，在第二次全國代表大會
在廣州開會兩星期以前，須在廣州開中央執行委員會全
體會議一次，除第二次全國代表大會議決變更中央執行
委員會所在地之外，中央執行委員會全體會議及中央
執行委員會所在地廣定為廣州，因廣州為國民政府所在
地，中央執行委員會須行使指導監督之職權故也。近日
北京執行部因開會問題，發生糾紛，合亟再錄當日議決

案，函達查照。此致中央執行委員會

政治委員會主席　汪兆銘

十四年十月卅一日

十三、海外部函送第二次全國代表大會澳洲代表王健
　　　海請轉函政府，委彼為偵緝員，以便會同當地
　　　軍警緝拿逆黨，請核辦案。

決議：未便照准。

十四、上海大學函：請將認助該校之建築費趕匯來滬，
　　　以應急需案。

十五、惲代英、韓覺民請將新建設雜誌社結束費匯寄
　　　以便了結案。

決議：十四、十五兩案併案討論，候本會領到經費時，
　　　即行撥付。

十六、工人部秘書馮菊坡請給予機工聯合會宣傳學校補
　　　助費二百元，機器工人工會補助費五十元案。

決議：一次撥助。

十七、南雄縣長鄧維賢電請賑濟湖南被水災來南雄之
　　　難民案。

決議：交省政府辦理。

十八、陳立亞同志請由中央遴選一、二同志，剋日赴
　　　桂或加委覃同志超協同辦理案。

決議：加派陳立亞為廣西省黨部籌備員。

十九、楊文輅同志請示赴桂辦理廣西宣傳員養成所案。

決議：由宣傳部加委。

二十、毛代部長提出：宣傳部管書員張克強因工作繁
　　　忙，請求由錄事地位升為幹事，增加薪水，以
　　　維生活案。

決議：照准。

二一、毛代部長提出：宣傳部為廣東週報出版及中央
　　　宣傳部與各省宣傳部之關係，擬發一通告案。

決議：通過。

中央宣傳部通告

　　（一）現在廣東以外各省各埠，帝國主義、奉直軍
閥、買辦階級、安福系、研究系、聯治派、國家主義派
等，各種反革命派報紙，對於本黨在廣東的工作，種種
造謠誣衊的宣傳，如「實行共產」、「英俄夾攻」、
「內訌」、「自殺」等等，手段極為惡毒，幾於普遍地
蒙蔽了北部及中部的民眾。即本黨同志，亦不免因路遠
不明真相發生疑慮；即無疑慮分子，亦無從根據事實作
反攻的辯正。這完全因為本黨在各地的宣傳不是極其微
小，就是完全沒有的原故。本黨各級黨部，亟應指揮所
屬負責同志，借各種機會，對外為反攻的宣傳，對內為

切實的解釋。現經決定在本部管理之下，出版一種週報，其材料十分之九為實際事實之敘述，十分之一為辯正的議論。大批散發於北部中部各種社會、各種民眾乃至反革命派各種機關群眾之間，以為他們辨認廣東真相的證據，同時發給此週報於各地各級黨部，以為對內解釋對外宣傳的根據。在週報未出版前，先將廣州民國日報重要新聞，逐日剪下封寄各執行部、各省黨部、各特別市黨部，以應急需。

（二）各執行部、各省黨部、各特別市黨部之宣傳部，其組織、人員及工作，以前均未單獨直接報告過中央宣傳部；中央宣傳部亦少直接指揮過各地宣傳部；這是以前的缺點，以後亟宜改正。各地宣傳部接此通告，應將組織情形，辦事及宣傳人員姓名、略歷、任事久暫、通信寄報明密地址，即速函告中央宣傳部。並將兩年來宣傳工作概要，最近宣傳工作詳情，於通告到後十天內，結具報告寄來中央宣傳部，以憑考察。以後各地宣傳部至少每月通訊報告一次（不必注重形式）。特此通告。

中央執行委員會宣傳部

代部長毛澤東

十四年十月卅日

二二、譚委員平山報告：廣東代表大會照本會所指定
　　　名單選出何香凝、劉爾崧、彭湃、楊匏安、陳
　　　公博、甘乃光、陳孚木、范其務、羅國杰九人為
　　　廣東省黨部執行員，譚桂萼、鄧一丹、黎樾亭為

候補執行委員，伍朝樞、宋子文、古應芬、李濟
深、楊其珊為廣東省黨部監察委員，陳銘樞、馬
洪煥、劉栽甫為候補監察委員。於廿九日由本會
秘書處，約各委員開談話會，商議四事：

（一）省黨部與省政府關係，照中央執行委員
會與國民政府關係，居於指導地位；

（二）組織法問題，已推舉伍朝樞、古應芬、
陳公博、馬洪煥、楊匏安起草；

（三）地點擬於廣西會館，舊廣東省銀行，肇
慶會館，三處選擇一處；

（四）經費問題，已推甘乃光、范其務、楊匏
安起草預算。

以上四點，請討論案。

決議：照提出四點分別討論：

（一）交政治委員會決定；

（二）候組織法送來後再討論；

（三）函知國民政府，令行各該處機關知照；

（四）候送來預算表再討論。

二三、徐謙同志報告：個人對於黨務進行之工作案。

決議：北方工作極為重要，仍請徐同志繼續努力，可暫
緩來粵，原函交政治委員會。

二四、李大釗同志報告：北方政治工作案。

決議：將原函交政治委員會。

二五、陳部長公博報告：建國宣傳學校派人在北江抽
　　　收賭捐案。

決議：函公安局將該校解散。

二六、汕頭市黨部執行委員會楊石魂報告：陳逆軍隊
　　　入汕情形，並請求三事：（一）中央黨部召集
　　　之十月十五日廣東省代表大會，因政局影響不
　　　能到會；（二）全國代表大會之選舉，此時已
　　　無法預備；（三）各同志於事變中之旅費，及
　　　秘密工作之活動費，請求撥助，計共去大洋四
　　　百元案。

決議：交東征軍政治部酌量辦理。

二七、青年部請設法催促平民教育經費案。

決議：函催財廳設法籌撥。

二八、青年部函送收回教育權同志會舉行示威大運動
　　　預算表，請核議籌撥案。

決議：由該會自行募捐。

二九、江西省黨部推薦陳灼華、王經燕、黎烈貞三女
　　　同志，請指定一人為出席第二次全國代表大會
　　　代表案。

決議：指定陳灼華。

三十、中央監察委員會函復：審查黨員阮紹元等報告林
　　　伯生等違背黨章，組織中國國民黨八屬旅省同
　　　志會案情形。
決議：照監察委員會所擬辦理。

第一百十八次會議

十四年十一月六日

中央執行委員、監察委員、各部部長聯席會議

到會者：譚平山　陳公博　甘乃光　鄧澤如　詹菊似
　　　　毛澤東　林祖涵

主席：林祖涵
書記長：徐蘇中
文書科主任：郭威白

報告事項

一、主席恭誦總理遺囑，全場起立
二、宣讀第一百十七次會議紀錄。
三、湖北省黨部董必武同志報告：該省黨部及漢口特別
　　市黨部經過概況。

湖北省黨部一年半經過概況

一、組織　在臨時黨部期內黨員 1,081 人，正式黨部有
　　四縣——黃梅、黃岡、黃陂、漢川，一市——武
　　昌，有組織而未成立正式黨部者四縣——黃安、沔
　　陽、棗陽、咸寧。在正式黨部成立後，增加區分部
　　23，黨員 720 餘人，沔陽、棗陽二縣已成立正式黨
　　部，宜昌、襄陽、天門、崇陽、應城、孝感、保
　　康、宣城八縣，均已發展組織。
二、宣傳　宣傳委員會之組織及其工作，宣傳刊物：

武漢評論、湖北婦女；間接為黨宣傳刊物：武漢學
生、青聯周刊；臨時刊物：宣言、通電、傳單。

三、農民運動　本年湖北特殊情形，漢川有農民協會
三個，共六百餘戶，黃安農民協會十四個，會員
1,500餘人，黃梅農民進德會三個，會員數百人，
平民學校十餘所，黃岡有農民同志五十餘，天門、
潛江亦有組織。

四、工人運動　以前同志極少，現有一區分部，完全為
工人組織，有十餘人，工學聯為其公開與學生共同
發表之意見機關。

五、商民運動　尚無組織。

六、青年運動　以學生佔多數，武漢學生聯合會完全在
黨的指揮之下，青年團體聯合會，係四十餘團體組
成，亦青年運動中有力機關。

七、婦女運動　以前僅同志數人，至七月由黨命女同志
發起一湖北婦女協會，會員184人，百餘為智識階
級，五十餘為工人，中有同志十三人，會中重要職
員均同志擔任。

八、特殊活動
　（一）中山追悼會，
　（二）「五卅」慘案，
　（三）「九七」水陸大巡行，
　（四）歡迎廣東外交代表團，
　（五）雙十節。

九、經濟　收入項下：
　（一）漢口執行部銀圓150元，

（二）上海執行部津貼國民會議促成會北上代表
川資銀圓六十元。

臨時省黨部共虧 1,263.23 元，省代表大會
用 620 元，正式省黨部共虧 1,915.95 元；
三共虧 3,799.18 元。

十、（一）省代表大會之議決案，

（二）省代表大會之報告，

（三）正式省執行委員會代轉臨時省黨部總報告，

（四）最近應宣傳部徵集之報告，

（五）正式省執行委員會三個月之總報告。

漢口特別市黨部經過概況

一、發展情形　自去年五月漢口執行部因事停頓，以
後漢市黨務亦無人辦理，遂由省黨部派劉蔚如等負
責組兩區黨部，一獨立區分部，徐徐進行，今年五
月，奉中央委劉芬同志籌備特別市黨部事宜，已逐
漸發展，成立區黨部七個，擴充黨員六百餘人。黨
員成分工人最多，次為青年商人，智識分子較少。

二、訓練工作　遵照上海執行部通告，組織宣傳委員會。

三、特殊活動　自五卅後，與湖北省黨部工作同。

四、虧 450 餘元　每月至少須 50 元。（因無農運，無
定期刊物，通告郵費亦較省部為少。）

五、請求事項

（一）經濟援助，

（二）批准成立正式市黨部，

（三）發給黨證及宣傳品，

（四）指派工商運動的人去幫助。

總結

一、省市兩黨部經濟極感困難，而省部為尤甚。

二、省市兩黨部只有武漢評論、湖北婦女為宣傳機關，因經費缺乏，不能按期出版，應請設法維持。

三、直系在湖北特別活動，本黨應盡力宣傳，喚醒人民迷夢。

四、醒獅派欲以湖北為根據地之一，其主張頗足以誘惑一般青年，本黨應有宣傳物，以闢其妄謬。

五、農民運動本年為湖北特有情形，現有之基礎如何保存，以後進行如何發展，應請特別注意。

六、反動派仍假借名義，中央執行委員會第一〇七次會議紀錄第五項標題為漢口特別市黨部及湖北省黨部籌備處，電請斟酌情形，重行釐訂全國第二次代表大會選舉法案。此案雖否決，而漢市、鄂省兩黨部，並無此項電報，顯係有人假借名義，前已會銜具報，聞尚未收到。此雖電報不易辨識，然湖北省黨部七月廿一日成立，至九月中旬，何至尚稱籌備處，此不能不謂之疏忽，應請更正。

四、廣西全省軍務督辦李宗仁、會辦黃紹雄呈復：廣西各縣縣黨部，經由省黨部籌備處詳電各縣依照總章籌辦案。

五、梧州市黨部改組委員粟豐等報告最近工作案。

梧州市黨部改組委員粟豐等報告

平山部長鈞鑒：豐等奉命於廿八日上午八點搭輪，至廿九下午八時抵梧，下榻旅店一宿，卅日遷往同園（即革命軍人共樂會），此處係梧市黨部預備招待豐等者。經費問題，經豐等向謁黃會辦，得允照舊數目按月支撥。黨部問題亦已接洽妥當，擬定明日其自行召集黨員大會報告及交代事宜，似此重要問題已可解決太半矣。惟該梧市黨務，雖經設部數月，徵有黨員數百，但對於宣傳與訓練工作未曾做到一點，所設之民國日報，亦不足為輿論代表。所已成立兩個區黨部，組織復多不合總章，且經前次之糾紛，大失人民及黨員之信仰，故此改組功夫實比從新設立有過之無不及也。現豐等三人開第一次會議，議決組織一個「梧州市黨部改組委員會」，設在該市黨部以代行該黨部委員會之職權，其部內之職員，擬除與此糾紛有關係者革退外，仍暫留用，並決定辦事細則：每日會議一次，每星期報告中央一次等項，餘俟接到交代，計畫清楚，當依期報聽候指示也。敬候精神

粟豐、李貽荔、甘立申　謹肅

十四年十月卅一日

討論事項

一、中央監察委員會函復：審查呂國治假冒名義，應予以除名處分，請公決案。

決議：照辦。

二、譚委員平山提議：令會計科將受本會津貼之各團
　　體，即日冊報財政委員會審查後，再由本會議定辦
　　法案。

決議：照辦。

三、宣傳部提出：上海交通局組織及經費案。

決議：通過；並提前撥給經費。

上海交通局組織及經費

一、為謀中央與北方長江各地之連絡，特別為中央宣傳
　　部各種宣傳品之送達，設立交通局於上海，受中
　　央宣傳部長之指揮，辦理北方及長江各地秘密交通
　　事務。

二、交通局設主任一人，指揮全局交通事務。設書記幹
　　事一人，任分配中央付去之宣傳品及信件於各地，
　　接收各地信件轉於中央。設巡行幹事二人，任送達
　　並宣告中央之命令、通告、及重要宣傳品（普通宣
　　傳品由輪船、火車上人傳遞）於各地黨部，同時接
　　收各地黨部之報告印刷物等帶返交通局。

三、經費　交通局每月經費共大洋五百五十八元。

　　（1）薪水：主任、書記、幹事、巡行幹事，月薪
　　　　　　各大洋六十元（按月於上半個月內發給），
　　　　　　共二百四十元。

　　（2）巡行幹事車船費、住宿零用費：
　　　　　　車船費上海到北京三十元，北京張家口間往
　　　　　　返十二元，北京到漢口二十五元，漢口長沙
　　　　　　間往返十二元，漢口到上海十五元，上海杭

　　　州間往返十元，每人一百十四元。

　　　住宿零用費（蚌埠住一天，濟南、天津、北

　　　京、張家口、開封、漢口、長沙各住二天，

　　　九江、蕪湖、杭州各住一天）在各地共住

　　　十八天，平均每天用費一元二角，每人共二

　　　十二元。

　　　以上二項，每人每月共支一百三十六元，二

　　　人共支二百七十二元。

（3）託輪船火車上茶房帶送包裹，每月共用費四

　　　十元，交通局主任書記幹事辦公費（郵票、車

　　　資、紙張等）每月六元，二項共支四十六元。

　　　交通局每月經費共大洋五百五十八元。

　注：起首數月比較事少，巡行幹事可只設一人，每

　　　月到各地巡行一次，可減輕費一百卅六元；又

　　　主任如能就滬宣傳部職員兼任，可減薪水六十

　　　元；共可減一百九十六元。每月實支三百六

　　　十二元。

四、婦女部長何香凝，因病請准予告假休養案。

決議：准假兩星期。

五、秘書處提出：請追認告誡各黨員必須出席紀念週訓

　　　令案。

決議：追認。

六、漢口特別市黨部呈請：

 （一）頒給黨證及按時發寄通告文件，

 （二）撥給黨部必需費用，

 （三）批准成立正式黨部案。

決議：照准。

七、國民革命軍第三軍特別黨部呈稱：該部職員趙宗
 華、趙濟、吳緝熙三人操守不貞，唯利是趨，請予
 以相當懲戒。又籌備員楊賡笙、陸緒賢、雷光藩向
 未到差，韓鐵仙、張蔚、蘇如華、王開元、陶光朝
 等五人，已先後請假去職，高祝秋、林紹伯已調入
 政治班，請一併除名，以免混淆案。

 組織部長譚平山報告：第三軍黨部尚在籌備中，不
 應逕稱為特別黨部。該黨部原派籌備員十三人，今
 請除名者十人，實以三人，而請求撤換十人，且十
 人中趙宗華等早即辭職，並經批准，何能謂為冒名
 招搖，陸緒賢現因公北上，亦不能因其不到即予
 除名。該黨部籌備處領款千元，成績毫無，應根本
 整頓。

決議：第三軍特別黨部籌備處即行取銷，另由該軍政治
　　　部籌備。

八、青年軍人聯合會函稱：有軍校第二團九連楊排長誣
 指該會為共產黨機關，請評其曲直，予以糾正案。

決議：交宣傳部查覆。

九、青年部報告：派員往調查廣州中學學潮情形案。

決議：該校校長盧乃潼、學監任子貞，思想既屬腐敗，
　　　　校務亦甚荒弛，應函知主管機關，查明撤換，
　　　　另選幹員接充，以資整頓。

十、青年部秘書郭威白請規定每月假期，函國民政府轉
　　　飭各學校、各機關遵行，並擬製一假期表，請求鑒
　　　核施行案。

決議：交政治委員會核議。

十一、鄒委員魯請匯款二百元，為湖北外交團旅費案。

決議：交政治委員會。

十二、組織部指導員楊章甫報告：法院特別黨部違法選
　　　　舉案。

十三、法官學校全體黨員控告法院特別黨部違法選舉案。

決議：兩案並交中央監察委員會審查。

十四、廣東省黨部常務委員甘乃光報告：該黨部決議：

　　　（一）通過省執行委員會章程；

　　　（二）通過省黨部各部組織細則及預算案；

　　　（三）該黨部辦事地點，暫借中央黨部秘書處
　　　　　　 樓下，請批准案。

決議：廣東省黨部執行委員會章程、各部組織細則及預
　　　　算案均批准。

中國國民黨廣東省執行委員會章程

第一條　省執行委員會依照總章第六章第四十二條，
　　　　由全省代表大會選出之執行委員組織之。

第二條　省執行委員會直接在中央執行委員會指揮
　　　　之下而活動，其職權如左：
　　　　甲、設立全省各地方黨部，並指揮其活動；
　　　　乙、任命省機關報人員；
　　　　丙、組織本省機關各部；
　　　　丁、支配黨費及財政；

第三條　省執行委員會之組織；
　　　　甲、秘書處　常務委員三人，
　　　　乙、組織部　部長一人，
　　　　丙、宣傳部　部長一人，
　　　　丁、農民部　部長一人，
　　　　戊、工人部　部長一人，
　　　　己、商民部　部長一人，
　　　　庚、青年部　部長一人，
　　　　辛、婦女部　部長一人。

第四條　秘書處分掌秘書、會務、財務、庶務等事項。
　　　　甲、關於秘書事項，凡往來文牘，傳達命
　　　　　　令，保管冊籍文件，製定統計表等事均
　　　　　　屬之。
　　　　乙、關於會務事項，凡開會、詢問、交際
　　　　　　等事均屬之。
　　　　丙、關於財務及庶務事項，凡編造預決算，
　　　　　　徵收款項，出納會計，建設構置，及一

切雜務均屬之。

第五條　組織部職務概要：

甲、省內各地方黨部之組織及指導；

乙、黨員之登記及調查；

丙、考核所屬各級黨部組織之工作；

丁、審查及修正所屬各級黨部之預算表；

戊、如省內各地方有特別工作時，得請省
　　執行委員會分撥款項指派負責黨員於
　　某處活動，並指導之；

己、執行省執行委員會關於組織事宜之決
　　議案。

第六條　宣傳部職務概要：

甲、供給宣傳資料於本黨各機關報；

乙、印行各種宣傳品；

丙、設辦黨校，編定教授課程演講綱目；

丁、指導各市縣宣傳部務，使宣傳言論能
　　得一致；

戊、審定省內黨報及關於宣傳性質之品類，
　　糾正其對於主義政策及方法之錯誤，訓
　　示進行方針；

己、執行省執行委員會關於宣傳事宜之決
　　議案。

第七條　農民部職務概要：

甲、指揮市縣農民部務及農民黨員之活動；

乙、製定本省農民運動計畫；

丙、促進農民團體之組織，並扶助其發展；

丁、農民利益之擁護；

戊、農村教育之提倡；

己、農民生活狀況之調查及改善；

庚、執行省執行委員會關於農民方面之決
議案。

第八條　工人部職務概要：

甲、指揮市縣工人部務及工人黨員之活動；

乙、製定本省工人運動計畫；

丙、調查工人狀況及工會組織；

丁、促進工人團體之組織，並扶助其發展；

戊、聯絡工人團體；

己、擁護工人利益，提倡工人教育；

庚、執行省執行委員會關於工人方面之決
議案。

第九條　商民部職務概要：

甲、指揮各市縣商民部務及商民黨員之
活動；

乙、聯絡商民團體並扶助其發展；

丙、製定本省商民運動計畫；

丁、本省工商業狀況之調查及改善；

戊、執行省執行委員會關於商民方面之決
議案。

第十條　青年部職務概要：

甲、指導各市縣青年部務及青年黨員之
活動；

乙、製定本省青年運動計畫；

丙、促進青年團體之組織，並扶助其發展；

丁、調查省內學校員生之政治觀念，並指

　　導之；

戊、指導關於文化及救國各種運動；

己、執行省執行委員會關於青年方面之決

　　議案。

第十一條　婦女部職務概要：

甲、指揮各市縣婦女部務及婦女黨員之活動；

乙、製定本省婦女運動計畫；

丙、調查及指導各地婦女運動；

丁、促進婦女團體之組織，並扶助其發展；

戊、倡辦婦女教育及婦女職業；

己、調查女工，並擁護其利益；

庚、執行省執行委員會關於婦女方面之決

　　議案。

第十二條　秘書處及各部設職員若干人，助理應辦

　　　　　事項。

第十三條　省執行委員會每星期開會二次，遇有特別事

　　　　　項得開特別會議。

第十四條　省執行委員會會議以在省之執行委員過半數

　　　　　之出席，為法定人數。

第十五條　省執行委員會會議時，候補委員得列席，但

　　　　　只有發言權。

第十六條　省執行委員遇故離任或不出席時，由候補執

　　　　　行委員依次補充之。

第十七條　省執行委員會須每月一次，將其活動經過情

形報告中央執行委員會。

第十八條　各部辦事細則及會議章程另定之。

第十九條　本章程有未善處，得由省執行委員會增加修改之。

第二十條　本章程經中央執行委員會核准施行。

廣東省執行委員會各部組織及經費預算

通則：一、黨部職員為事而設，如事務增多，勢當增加職員，始酌量增加，庶不致有濫冗之弊。

　　　二、下表所列各部組織人數及經費，乃最低限度，如某部認為不足，則由該部自行擬定，提出執行委員會公決。

　　　三、黨部預算僅為一種度支準則，在預算限度內，應由黨部酌量支酌，不必拘於項目。

　　　四、黨部職員如在政府機關及黨機關供職，有薪俸藉為生活者，不得在黨部受給，以免糜費。

秘書處：常務委員三人

書記長	一人	一百二十元
書記	二人（每人八十元）	一百六十元
錄事	二人（每人四十元）	八十元
收發	一人	五十元
會計主任	一人	八十元
助理	一人	五十元
庶務主任	一人	八十元
助理	一人	五十元

印刷主任　一人　　　　　　　　八十元

　助理　一人　　　　　　　　五十元

合計　　　　　　　　　　　　八百元

各部：

部長　一人　　　　　　　　一百二十元

秘書　一人　　　　　　　　　一百元

幹事　二人（每人六十元）　一百二十元

錄事　一人　　　　　　　　　四十元

合計　每部　　　　　　　　三百八十元

七部共計　　　　　　　　二千六百六十元

全會：

雜役共十一人（每人十八元）一百九十八元

傳達　　一人　　　　　　　　二十四元

辦公費　　　　　　　　　　　三百元

印刷費　　　　　　　　　　　三百元

郵電　　　　　　　　　　　　一百元

書報　　　　　　　　　　　　五十元

雜費　　　　　　　　　　　　二百元

合計　　　　　　　　　一千一百七十二元

總計　　　　　　　　　四千六百三十二元

十五、譚委員平山提議：中央黨部經費問題案。

決議：嚴令財政部每月籌撥五萬元，不得延誤。

十六、陳部長公博報告：建國宣傳學校派出之宣傳隊在
　　　北江擅抽捐款案。

決議：令公安局將該校解散。

十七、法國總支部習文德同志報告：法國黨部糾紛原
　　　因，係青年黨在內作祟及總支部執行委員會主
　　　席王景岐與監察委員會妄發通告所釀成。
決議：請習文德同志作一書面報告。

十八、農民部報告：據南海特派員報告逆黨陳恭綏返鄉
　　　運動土匪民團，圖謀不軌情形。
　　　農民部特派員梁坤報告：中山縣石歧被匪進攻
　　　情形。
決議：交政治委員會。

十九、中央監察委員會函覆：審查黨員徐成章等函稱：
　　　吳家琳等肆意詆毀新瓊崖評論社，請予查究
　　　案，應毋庸再予受理，請查照原案，答覆原提
　　　案人案。
決議：照辦。

二十、商民部報告：該部派人前往調查太平商民鎗殺糾
　　　察隊一案詳情。
決議：交政治委員會。

二一、工人部報告：派人往調查太平商民鎗殺糾察隊一
　　　案詳情。
決議：交政治委員會。

第一百十九次會議

十四年十一月十三日

中央執行委員、監察委員、各部部長聯席會議

到會者：汪精衛　譚平山　何香凝　甘乃光　陳公博
　　　　毛澤東　林祖涵　詹菊似　鄧澤如

主席：汪精衛
書記長：徐蘇中
文書科主任：郭威白

報告事項

一、主席宣讀總理遺囑，全場起立
二、宣讀第一百十八次會議紀錄。
三、汪委員精衛報告：胡委員漢民十月十一日由赤塔來
　　函報告，在該地受俄人歡迎情形。

胡漢民來函內容

季兄大鑒：至海參威時曾上兩緘，想俱達到，粵局如
何，至以為念。俄同志無不關心中國革命事業者，即小
學校之生徒亦知之，其教育宣傳於此可見。蓋為世界被
壓迫民族謀解放，乃列寧之名訓，黨人遵此而行，認為
切己之任務，而我國人於此反有懷疑者，殊堪怪嘆矣。
弟等今晨九時至赤塔，再換快車，約七日可到莫斯科，
途次俄同志之招待親切周至，粵政府於此應大有愧，或
以我在軍事時期稍可解嘲矣。同行之俄某軍官身經百

戰，而政治思想（對於世界革命）瞭若觀火，殆如此始可任為高等軍官歟。赤塔曾被白黨極端蹂躪，僅三年之建設已一切改觀，以少數人之策畫究竟不如多數人之努力，人或憂破壞後難於建設，因而苟安妥協者，亦適得其反爾。是日參觀遠東銀行、消防會、病院，消防工人子弟即設小學於會所，詢生徒汝為列寧之子歟？皆應曰唯，弟略致贊詞，其年長者即高呼「中國革命萬歲、孫逸仙主義萬歲、列寧主義萬歲」對此惟有歡喜贊嘆而已。病院房室視海參威稍少，聞尚將擴充。工人及職官之本身與家族入院俱無費，「先生」於衣食住行外尚加養生送死二節，然哉然哉。專此，即候近安。鮑先生均此。

弟漢民頓　十月十一日

四、李宗仁、黃紹雄報告：在梧州籌設宣傳員養成所，經委楊文焜為所長，請察核備案案。

五、湖北省執行委員會報告：選出董用威、蔡以忱、錢介磐為該省出席第二次全國代表大會代表案。

六、梧州執行委員會執行委員李濟深、黃紹雄報告：遵於十一月一日，將該會移交改組委員會接收，請察核備案案。

七、東征軍第三縱隊政治部報告：該軍於十月廿八晚佔領五華，廿九午進佔興寧，並抄附宣傳第三支隊第四號至第六號報告案。

討論事項

一、政治委員會報告：對於關稅會議一案，經撰就中
　國國民黨對關稅會議宣言一篇，已議決通過，請追
　認案。

決議：追認。

中國國民黨對關稅會議宣言

民國十四年十一月十三日
一屆中執會第一一九次會議通過

　　北京現開關稅會議，蓋自上海慘案發生，中經漢、
青、潯以至最後最酷之沙基慘案，中國人民，對於帝國
主義群起為一致之反抗，所以關稅會議雖早在華盛頓會
議規定，然至今日始克開會者，此全由人民運動所得
之結果，國民既獲此種教訓，此後對外運動益當努力。
中國為協定關稅所縛束，垂八十餘年，在此時期，外貨
輸進中國，只值百抽五，或且不逮，而中國貨之到外國
者，有值百抽二百至三百之多者，此不獨中國稅收減
少，其妨礙我國農工商業之發展，關係尤大。故此次會
議，當要求完全關稅自由，且會議不能限於關稅，應進
而及於收回領事裁判權，廢除不平等條約，始克饜國民
之期望。北京政府對於愛國運動，其始僅居被動地位，
因緣時會，得開關稅會議，國民不能信任，縱使其開始
提出條件，不背人民心理，然若虎頭蛇尾，僅增多少稅
收，以供軍閥官僚之浪費，則人民愛國運動適足為之犧
牲；且北方戰事發生，其政府本身地位已汲汲不可終
日，更何能代表國民？故此次關稅會議，或由此擴充不

平等條約會議，應有本黨政府代表參列，然後一方面可以表示全國一致，一方面得以指導北京政府，俾無背乎民意。謹此宣言，我國民共鑒之。

二、政治委員會報告：議決每月再津貼一千元與國民新聞，請追認案。

決議：追認。

三、秘書處提出：通告廣東省內各市縣黨部及籌備處，以後由廣東省黨部直接指揮案。

決議：照准。

中央執行委員會通告　第二二〇號

為通告事，查廣東省黨部未正式成立時，所有廣東區域內各市縣黨務，暫由本會管轄，以便提挈，而利進行。現廣東省黨部經於十一月四日正式成立，以後關於廣東省區域內所有市縣黨部，或籌備處，統移交廣東省黨部直接指揮，特此通告。

中華民國十四年十一月十六日

四、秘書處提出：已派吳鐵城、潘歌雅、吳永生三人為廣州市警察特別黨部籌備員，請追認案。

決議：追認。

五、孫中山先生葬事籌備處函覆：議決正式接受本會委託，兼辦廖仲愷同志移葬南京紫金山事務，請將購地建墓經費，指定的款案。

決議：函覆該籌備處，仲愷同志最好能附葬中山先生墓
　　　地內，若另須購地，亦請先將購地建墓經費，
　　　作一預算表，候本會核議後，再行指定的款。

六、何部長香凝提議：擬於仲愷同志遇難百日週時，收
　　　集各處哀悼文件，出一哀思錄，請津貼印刷費案。
決議：函財政部指撥經費。

七、汪委員精衛提議：前汕頭市黨部籌備員郭淵谷呈訴
　　　被其同事陳箇民侮辱，經本會與中央監察委員會傳
　　　陳來省質問，距陳悍然不顧，當時汕頭在陳逆軍隊
　　　之手，無可如何，現汕頭已為我軍收復，應電蔣總
　　　指揮勒令陳箇民來省，俾將此案早日解決案。
決議：照准。

八、海外部提出：海外代表請求中央指撥地址，以為各
　　　代表住宿及辦事案。
決議：指定革命紀念會為海外代表住所，並每月每代表
　　　發給膳費十五元。

九、海外部提出：南洋總支部函報，荷屬巴城支部監察
　　　委員鍾孤逸、第一分部執行委員何實軍，被荷政府
　　　驅逐出境，請中央外交部向荷政府抗議，暨將吾黨
　　　主義解釋，免生阻礙案。
決議：照辦。

十、海外部提出：駐法總支部內部發生糾紛，現時又新
　　成立一總支部，應如何解決案。

決議：駐法總支部新舊均應取銷，雙方控告函件，交中
　　央監察委員會審查。

十一、習文德為黃英開除黨籍辯護案。

決議：交中央監察委員會查核。

十二、法國總支部執行委員習文德報告：法國黨務情形
　　及荷蘭支部成立，並請求四事：
　　一、請中央每月津貼常務委員生活費及「三民」
　　　　報費二百元；
　　二、請中央隨時寄送宣傳印刷品；
　　三、請中央於軍官學校招生前，通知總支部，
　　　　使有志從軍同志得以回國效力；
　　四、請中央於缺乏黨務人材時，隨時通知總支
　　　　部，以便遴選同志歸國服務。

決議：俟中央監察委員會查覆第十案後再議。

十三、上海執行部函稱：江蘇省黨部散布誣衊本黨言論
　　之印刷物，請嚴加懲戒案。

決議：交政治委員會議覆。

十四、上海執行部函稱：關於北京政治委員會是否存
　　在，及對於該會處置指派學生赴俄事件，認為
　　不滿，請迅予解決案。

決議：交政治委員會。

十五、江蘇省黨部函稱：該部所轄同志逐漸增加，除
　　　前已選出大會代表四人外，現照章尚可添選一
　　　人，惟開會期近，選舉手續甚繁，恐不能及，
　　　請由該部指派一人為代表案。
決議：大會現已展期，應照章選舉。

十六、湖北省黨部漢口特別市黨部代表董用威，請核准
　　　湖北省黨部常月最低預算、農民運動之特別經
　　　費預算、及漢口特別市黨部最低經費預算案。
決議：交常務委員會同組織、宣傳、農民三部長審查該
　　　省黨部工作後再議。

十七、浙江寧波市黨部呈請派員來浙成立正式省黨部案。
決議：限令浙江省黨部籌備處於本年底成立該省正式黨
　　　部。

十八、汪委員精衛提議：組織一第二次全國代表大會代
　　　表資格審查委員會案。
決議：通過；並指定鄧澤如、譚平山、林森、毛澤東、
　　　林祖涵五同志為委員。

十九、浙江寧波市黨部呈稱：該省選舉第二次全國代表
　　　大會代表有弊，並否認沈肅文為當選代表案。
決議：交第二次全國代表大會代表資格審查委員會。

二十、上海各區黨部聯席會議請即日令上海執行部組織
　　　市黨部案。

決議：照准。限令上海執行部，於本年底正式成立上海
　　　市黨部。

二一、工人部秘書馮菊坡請補助鐵路工會聯合辦事處開
　　　辦費五百元案。

決議：補助三百元。

二二、廣西全縣黨部呈請頒發印信案。

決議：准自刻印信呈報存案，並呈報該省黨部籌備處。

二三、順德縣第六區第三分部呈稱：該縣黃麻涌、黃連
　　　等鄉劣紳製造謠言，煽惑人心，該鄉局等並出
　　　示禁人入黨，請迅飭順德縣及該處防軍，佈告
　　　闢謠，並保護黨員往來宣傳案。

決議：交廣東省黨部。

二四、郭威白同志請將總理遺像、遺囑、及紀念週條
　　　例，印入黨證內，免另製紀念週手摺案。

決議：俟新印黨證時照辦。

二五、農民部臨時提出：津貼海豐農民自衛軍服裝
　　　一千七百元，請追認案。

決議：追認。

二六、商民部提出：現任幹事蕭漢宗、蕭一平月薪每人
　　　八十元，商民協會幹事馮國文，月薪七十元，
　　　可否將商民部幹事月薪改為一百元，商民協會
　　　幹事改為八十元，俾歸一致案。

決議：照准。

二七、秘書處提出：巴城華工互助會匯來捐款二百元救
　　　濟罷工同胞；又巴城華僑支部委員會匯來助粵滬
　　　工友學生捐一千七百元；又加拿大穩梳埠援助失
　　　業工人慈善會匯來大洋二千零五十元，請代賑濟
　　　罷工同胞；又駐巴達維亞機器工會匯來毫銀二
　　　千三百元，以一千元救濟上海失業工人、學生
　　　及死者家屬，其餘之款，助香港失業同胞；又
　　　巴支部執行委員會匯來援助粵學生工友第二次
　　　捐款毫銀二千元；又荷支部執行委員會寄來援
　　　助滬粵學生工友第四次捐款毫銀一千四百元，
　　　應撥交何處，請分別指定案。

決議：以上各款，概撥為省港罷工委員會製棉衣之用。

第一百二十次會議

十四年十一月十七日

到會者：譚延闓　譚平山　毛澤東　鄧澤如　林祖涵

主席：譚平山
書記長：徐蘇中
文書科主任：郭威白

報告事項

一、主席恭誦總理遺囑，全場起立
二、宣讀第一百十九次會議紀錄。
三、福建臨時省黨部挽留蔣軍長辭職電。
四、第五軍參謀處通報克復石岐各屬情形。
五、中山縣第四區黨部常務委員林天椒報告李軍長克復
　　中山縣情形。
六、梧州市黨部改組委員會報告該會聘定各部職員及最
　　近宣傳工作案。
七、東征軍第一縱隊長何應欽、黨代表周恩來報告：自
　　十月十七日至十一月三日戰鬥詳情案。

討論事項

一、政治委員會函稱：議決
　　（1）懲吏院委員鄒魯另有任用，應免本職，遺缺
　　　　　以李章達補授；
　　（2）仍簡鄧澤如為懲吏院委員，已函國民政府

　　　　任命；

請追認案。

譚委員延闓報告：政治委員會因現監察院檢舉案件，已有多種，但因懲吏院尚未成立，不能審判，以致擱置，久不能決。查懲吏院委員徐謙本不在粵，鄒魯、林雲陔均先後離粵，現只有林翔一人在省，無法組織，故仍請原任委員鄧澤如復職，鄒魯一時尚不能返省，故開缺，以軍事委員會政治訓練部軍法委員會主席李章達補授。

決議：追認。

二、中央監察委員會函復：審查蕉嶺縣黨部發生糾紛一案情形，並擬具辦法，請將蕉嶺縣分部立予撤消，並責成縣黨部曾繁興等各委員，切實負責整頓，請公決執行案。

決議：交廣東省黨部，照所擬辦法執行。

三、湖北省黨部報告：前推定出席之各女同志，均因事不能來粵，現改推袁溥之同志赴會案。

決議：照准。

四、四川臨時省黨部報告：選吳玉章、楊闇公、鄧懋修、童庸生、黃復生、廖划平、谷武和七同志，為該省第二次全國代表大會代表案。

決議：交第二次全國代表大會資格審查委員會。

五、福建臨時省黨部報告：該省第二次全國代表大會之
　　代表李覺民及婦女特別代表王兆蕙二同志，業已起
　　程來粵，請加招待案。

決議：李覺民代表資格交第二次全國代表大會資格審查
　　　委員會審查，王兆蕙准其為婦女特別代表。

附註：照章每省應先選出女同志三人，由中央指定一人
　　　為代表，此案手續上實不合法，然既已來粵，
　　　姑特照准。

六、香港晨報總經理周雍能呈：請補給晨報四個月津貼
　　二千元，以清債務，免被封閉，有礙黨譽；並請將
　　停閉情形宣告海內外同志案。

決議：由海外部通告該報已停閉，所請補給津貼二千
　　　元，礙難照准。

七、國民政府秘書處擬就黨證與紀念週手摺合併樣本，
　　送請鑒定案。

決議：俟第二次全國代表大會後再印。

八、毛委員澤東提議：在特別情形之下，經省黨部之批
　　准，得減少紀念週開會之次數案。

決議：通過。

九、湖北省黨部請補給該省來粵各代表旅費案。

決議：緩議。

十、四川臨時省黨部函稱：該省全省代表大會應在重慶
　　或成都召集，請核定示遵案。

決議：函復由該省黨部徵求省內同志意見自行決定。

十一、梧州市黨部改組委員會函稱：關於該黨部執行
　　　委員人選問題，及梧州民國日報改組問題，請
　　　指示辦法案。

決議：

　　（1）該黨部執行委員人選問題，照前次廣州市黨
　　　　　部選舉辦法，由中央指定三倍人數，下次會
　　　　　議時再行決定指定人名。

　　（2）梧州民國日報改組問題，由宣傳部審查具復
　　　　　後再議。

十二、譚委員平山提議：請函軍事委員會飭令海軍局即
　　　日搬出案。

決議：通過。

十三、譚委員平山提出：確立發展各省黨務及民眾運動
　　　計畫案。

決議：通過。

確立發展各省黨務及民眾運動計畫案意見書

　　中央執行委員會之職務，本係指揮全國各地黨部，
促進黨務之發展，助成民眾之組織，擴大革命之宣傳。
其兼任所在地地方黨部職務，乃係一時權宜辦法，不過
為其全體職務中一小部分。然兩年以來，因經費困難之

故，因廣東多事之故，不能不集中人力財力以應付革命根據地的種種事變，以致對於各省黨務，幾乎純然任其自然，未曾派一人巡行各地，未曾邀集各省省黨部負責同志開會一次，中央秘書處中央各部與各省省黨部秘書處及其各部幾乎全然沒有關係，對於各省經費之籌措，亦只有數處地方稍有補助。這些都有不得已的原因，然坐是全國黨務不能充量發展，全國民眾組織未能迅速助成，全國革命宣傳未能盡量擴大，實在是極大恨事。現在廣東省黨部已經成立，統一廣東的工作亦將次完成，中央可以脫卸兼任所在地地方黨務之責，應付廣東時局的注意力亦可不致耗費如從前之大。同時北方及中部帝國主義軍閥勢力，分裂衝突至於極點，農工商學四種群眾尤其是占全民百分之八十以上的農民群眾，渴望得到革命的宣傳與組織。而在各派帝國主義各派軍閥分裂衝突的結局，在此次全國反奉戰爭的結局，使勝利者歸於反奉一邊，則本黨所號召的開國民會議與取消不平等條約必須迅速開始進行，然在本黨的全國發展上看，其力量殊不足以任此。故中央在此時亟宜迅速整頓內部，組織籌措充足經費，照顧全國各地。務使各地黨務之進行，民眾之組織，革命之宣傳，於短期間內有一長足的發展，以應不遠的將來本黨在全國對內對外召號奮鬥之需。欲達此目的，須有下列四項之決定與實行：

（一）中央宣傳、組織、農民、工人、商民、青年、婦女各部，應直接與各省黨部各特別市黨部的宣傳、組織、農民、工人、商民、青年、婦女各部發生密切關係。中央各部的通告，應直接付與省市各部；省市

各部的報告，應直接付與中央各部。

（二）農民運動為本黨第一重大工作，帝國主義軍閥的根乃植於與中國地主階級合作剝削農民上面，所謂中國國民革命，實際只是解決中國農民問題的革命。然若農民自身不起來，若本黨對於農民運動的工作不努力，則帝國主義軍閥的根始終不能剷去，國民革命始終不能成功。現在北方及中部的農民，因受帝國主義軍閥地主階級三重壓迫，有充分的革命性，而河南、湖北、湖南等省的農民運動已頗有可觀。中央農民部亟應定一全國農民運動計畫，並寬籌經費，為猛力之進行；同時應訓令各省省黨部，變更以前工農合設一部實際只管工不管農的辦法，設立一獨立的農民部，並於農民部下設立農民運動委員會，以為指揮全省農民運動的機關。省以下各縣縣黨部執行委員內，應有一人專管農民運動，必要時並須組織農民運動委員會，以為指揮全縣農民運動的機關。

（三）組織中小商人的商民運動，使中小商人參加國民革命，亦為本黨要緊工作之一。而各省省黨部除廣東外大都無商民部之設，應由中央商民部訓令各省及各特別市黨部速即設立商民部以為管理全省或全市商民運動的機關。省與特別市下之重要縣市，凡屬商業集中之處，其縣市黨部執行委員內應有一人專管商民運動。

（四）於確立積極發展各省黨務及民眾運動計畫之時，必須確立一各省黨務的及民眾運動的經費預算，方足與之相應。此項經費一經確定必須照數實支，切忌時付時停以致影響工作。中央財政委員會應速即開會決定

此項經費預算，並計畫經費之來源。

十四、新民國雜誌社范體仁呈請發給經費，繼續出版，
　　　以利宣傳案。

決議：交宣傳部加入全國宣傳計畫內，其經費一併提交
　　　財政委員會。

十五、湖北第二次大會出席代表董用威等建議：請早日
　　　召集第二次大會案。

決議：交政治委員會。

十六、林委員祖涵提議：用本會名義致電弔唁俄國福龍
　　　斯將軍案。

決議：通過；電文交宣傳部起草。

第一百二十一次會議

十四年十一月二十日

中央執行委員、監察委員、各部部長聯席會議

到會者：鄧澤如　詹菊似　林祖涵　陳公博　甘乃光
　　　　何香凝　譚平山

主席：林祖涵

書記長：徐蘇中

文書科主任：郭威白

報告事項

一、主席恭誦總理遺囑，全場起立

二、宣讀第一百二十次會議紀錄。

三、福建省黨部十三年至十四年八月黨務報告。

四、湖南省黨部報告：本年八、九兩月工作略況。

五、旅暹同志陳阜民報告：暹羅政府經國民政府交涉
　　後，已將華暹新報社長蕭佛成同志之觸犯報律及印
　　刷律案取消，對待華僑亦趨和平案。

六、東征軍政治部主任周恩來報告：已令惠州財政整理
　　處撥逆產二萬元為黨農工之用，請轉達查照案。

七、海外部報告：第二次全國代表大會海外代表報到
　　者，截至今日止共二十人，已指定革命紀念會為該
　　代表等住宿及辦事地點。

第二次全國代表大會海外代表姓名

澳洲總支部	王健海
墨西哥總支部	麥興華
古巴總支部	周啟剛
古巴總支部	勞先鞭
印京吉打分部	凌　棠
緬甸總支部	許甦魂
英屬吉隆坡支部	王月波
英屬吉樵庇能等支部	崔廣秀
英屬巴生支部	鄭受炳
英屬巴生港口分部	王瑞庭
荷屬萬鴉老支部	鄧範生
荷屬棉蘭亞齊支部	馮少強
夏灣拿支部	羅　安
菲律濱總支部	呂渭生
暹羅第一、二支部	林超伯
安南高棉支部	馮寶琚
英屬麻坡支部	張東華
暹羅總支部	劉誦芬
日本總支部	陳季博
河內、海防支部	莫子才

八、海外部報告：三藩市總支部函報改組，並選出陳耀
　　垣、黃啟文、黃定一為常務委員。

九、組織部報告：廣州市黨員登記結果案。

廣州全市黨員登記結果報告表　　十四年十一月十九日			
區別	登記人數	原有區分部數目	有二十人以上之區分部數目
第 1 區	889	53	13
第 2 區	1,233	127	14
第 3 區	675	66	8
第 4 區	542	82	8
第 5 區	1,383	165	16
第 6 區	859	94	13
第 7 區	502	116	7
第 8 區	311	89	8
第 9 區	591	134	9
第 10 區	97	18	2
第 11 區	769	116	11
第 12 區	282	13	3
第 13 區	579	10	10
總計			
區黨部數目：13			
登記人數：8,712			
原有區分部數目：1,083			
有 20 人以上之區分部數目：122			

討論事項

一、江蘇省黨部呈控上海執行部行為反動，辦事腐敗，
　　請求查辦案。

決議：交政治委員會議覆。

二、廣西省黨部籌備處電稱：據桂林等縣黨部，電請將
　　第二次全國代表大會展至十五年一月一日舉行，請
　　核奪示遵案。

決議：交政治委員會議覆。

三、上海執行部轉送江蘇省黨部預算表，請核奪案。

決議：交財政委員會。

四、廣東省政府請核定縣黨部經費應如何撥付案。

決議：交廣東省黨部。

五、海外部提出：暹羅總支部劉代表帶到追悼總理所存
　　各貴重花圈，擬將來保存於中山紀念堂，現應如何
　　處置案。

決議：交秘書處妥慎保存。

六、秘書處提出：請根據第一百二十次會議決議，指定
　　梧州市黨部執行委員案。

決議：緩辦。

七、秘書處提議：因抄發各區分部通告及保管機要卷
　　宗，擬添錄事一人，請公決案。

決議：照准。

八、湖北預算審查會提出：湖北在經濟上、政治上均
　　占重要地位，現在黨務及民眾運動均有進展，尤其
　　是農民運動與商民運動極有發展之可能。湖北省黨
　　部代表所請經費，省黨部薪水、辦公宣傳及其他活
　　動費每月大洋八百二十元，漢川等十四縣農民運
　　動經費每月大洋五百六十元，共計每月大洋一千
　　三百八十元，又漢口特別市黨部經費每月大洋二百
　　元，均應照匯，並從十二月份起按月發給，俾利進
　　行；至兩年來，因黨務進行用費之款，計省黨部負
　　債大洋三千八百元，漢口特別市黨部負債大洋四

百五十元，亦應早日設法籌給，以清積欠案。

決議：照准。

湖北省黨部常月最低經費預算表

（本表以大洋計算，元為單位）

1. 辦公費 100 元

    A. 房租　　　　　　　　　　　　　30

    B. 郵電　　　　　　　　　　　　　50

    C. 紙張　　　　　　　　　　　　　15

    D. 雜費　　　　　　　　　　　　　5

2. 宣傳費 200 元

    A. 武漢評論　　　　　　　　　　　100

    B. 湖北婦女　　　　　　　　　　　60

    C. 臨時刊物　　　　　　　　　　　40

3. 團體津貼 160 元

    A. 工學聯合會　　　　　　　　　　40

    B. 青年團體聯合會　　　　　　　　40

    C. 婦女協會　　　　　　　　　　　40

    D. 工餘俱樂部　　　　　　　　　　40

4. 交通費 60 元

    派人巡視各縣旅費

5. 薪工 300 元

    A. 常務委員三人（每人月支四十元）　120

    B. 書記長一人（月支三十元）　　　30

    C. 書記二人（每人月支二十五元）　50

    D. 組織農民兩部長（每人月支三十元）　60

E. 傳達雜役二人（每人月支十五元）　　30

F. 廚役一人　　　　　　　　　　　　10

總計：820 元

湖北省黨部農民運動經費常月預算

（1）漢川、黃梅、黃安、黃岡、天門、潛江六縣農民
　　　運動已逐漸發展。

（2）應城、沔陽、棗陽、咸寧、孝感、黃波、麻城、
　　　崇陽八縣亦擬派人前往辦理。

（3）故湖北省黨部農民運動暫以十四縣計，每縣常月
　　　經費預定四十元，共計五百六十元。

九、上海執行部電請：（1）將允給之五千元趕速電匯；
　　　（2）鄂川各省代表陸續抵滬，速電匯川資案。

決議：

　　　（1）飭會計科從速籌匯；

　　　（2）候各代表抵粵後，再行補發。

十、雲浮縣黨部籌備員唐圖強函復：承辦雲浮縣全屬
　　　防務和平公司商人徐有威呈稱，該黨部籌備員蕭
　　　卓南、唐圖強藉黨肥己，橫索不休，全係捏詞冒
　　　呈案。

決議：交廣東省黨部核辦。

十一、廣西省黨部籌備員請補助籌備經費及黨報經
　　　　費案。

決議：籌備費函廣西善後督辦李宗仁、會辦黃紹雄照
　　　撥，黨報照原案維持。

十二、婦女部提議：組織一改良傷廢兵現狀會，會內設
　　　婦女救護隊，救護戰場上及醫院之傷兵；設殘廢
　　　軍士工廠，以容納殘廢軍士，名稱則擬為「中國
　　　國民黨紅十字會」，或「中國國民黨白星會」；
　　　請公決案。

決議：定名「中國國民黨紅十字會」，由黨部辦理，至
　　　關於該會計畫，則由婦女部擬定提出。

十三、組織部提出：請指令組織委員會趕速擬定整理廣
　　　州市各級黨部計畫呈報，以促進行案。

決議：照准。

十四、組織部長譚平山提出：工會組織黨部案。

　　一、於地域為標準以外，增加產業或職業為標
　　　　準，即一種產業或職業在一定條件之下，得
　　　　組織一個區黨部或一個區分部。

　　二、一個產業或職業之區黨部或區分部，應審其
　　　　產業職業之範圍，分別隸屬於中央黨部、廣
　　　　東省黨部、廣州特別市黨部。

　　三、組織一特種委員會，由中央工人部、廣東省黨
　　　　部工人部、廣州特別市黨部工人部，各派出一
　　　　人組織之，直接歸中央黨部之指揮與監督案。

決議：通過。

十五、何部長香凝提出：請發起組織仲愷同志百日紀念
　　　會案。

決議：照准。假本會大禮堂為會場，通告各黨員一律參
　　　加，並請汪精衛同志等演講。

十六、主席報告：頃接北京林森同志等銑電略稱，定本
　　　月二十三日在北京香山碧雲寺總理靈前開中央
　　　執行委員全體會議，請在廣州各委員速往出席
　　　等語，應如何應付案。

決議：交政治委員會核議。

十七、宣傳部提出：請印民族主義、民生主義、汪先
　　　生講演集、三民主義淺說各一萬本，共需銀二
　　　千二百五十元案。

決議：交財務委員決定。

十八、宣傳部提出：唁俄國福龍斯將軍電文案。

決議：照原文通過。

電文

鮑羅庭先生轉蘇聯政府蘇聯共產黨中央執行委員會：

佛龍斯將軍逝世，東方民族失一共同奮鬥之良友，中國
國民黨同志至深哀悼。中國革命的民眾現已奮起，希望
以全世界被壓迫人民前衛自任之。蘇聯政府及蘇聯民
眾，是繼續列寧、佛龍斯之志，與中國民眾鞏固聯合戰
線，共同推翻帝國主義。

　　　　　　　　　　　　中國國民黨中央執行委員會

第一百二十二次會議

十四年十一月廿四日

到會者：譚平山　林祖涵　毛澤東　鄧澤如　譚延闓
　　　　汪精衛

主席：譚平山
書記長：徐蘇中

報告事項

一、主席恭誦總理遺囑，全場起立
二、宣讀第一百二十一次會議紀錄。
三、秘書處報告：第二次全國代表大會代表，除海外代
　　表報到二十人，前已由海外部報告外，現國內各省
　　代表來處報到者共九人，計漢口特別市黨部三人、
　　湖北省黨部四人、福建省黨部二人。
四、漢口特別市黨部報告：選出向忠發、劉伯垂為該省
　　出席第二次全國代表大會代表，並指派女同志譚芝
　　仙參加會議案。

討論事項

一、政治委員會函稱：議決十五年一月一日開第二次全
　　國代表大會三星期前，開第四次中央執行委員會全
　　體會議，請追認案。
決議：追認。並設法於可能範圍之內，將此項決議直
　　　接通告各省黨部。

中央執行委員會召集第四屆全體會議及第二次全國代表大會電

上海環龍路四十四號胡士恭先生北京翠花胡同第八號于樹德先生均鑒：

本會議決十二月十一日開第四次中央執行委員會全體會議，明年元旦開第二次全國代表大會，不再展期，請查照並分別轉達，依期在廣州集會為要。

中央執行委員會智

二、政治委員會函稱：議決駁復林森等銑電，定梗日在西山碧雲寺開中央執行委員會議，請追認案。

汪委員精衛報告：政治委員會此項決議，原因有三：

（1）係奉中央執行委員會交議；

（2）根據第三次全體中央執行委員會之決議；

（3）因林森等銑電所定會期太迫，故先發駁電，希望打銷彼等不法之會議。

決議：追認。

三、政治委員會函稱：決議致電北京外交代表團，

（1）取消鄒魯代表職權及名義；

（2）關稅會議，如執行方面延請，可參列或以其他方法參列，在會議內須主張關稅自主及廢除不平等條約；如不獲參列，可聯合各團體發表此主張。

請追認案。

決議：追認。

政治委員會致外交代表團電

北京外交代表團主席林子超先生及諸同志鑒：

（1）本日決議，鄒魯著即取消代表職權及名義。

（2）關稅會議，如執政方面延請，可參列或以其他方
　　　法參列，在會議內，須主張關稅自主及廢除不平
　　　等條約；如不獲參列，可聯合各團體發表此主張。

（3）款飭財政部即匯。

政治委員會敬

四、秘書處提議：將駁復林森等銑電電文通告各省黨
　　部案。

決議：照辦。

五、廣東省黨部函呈各部組織及經費預算，請察核案。

決議：交財政委員會。

六、駐日總支部呈稱：東京支部有馬彬、劉毓棠、劉錦
　　青三同志願入日本士官學校，請轉行政府保送案。

決議：照准。

七、荷支部報告：該部職員吳公輔、謝作民、黎天育
　　充任北方國民會議華僑代表，及鍾公任拒絕加入情
　　形，請分別核辦，以維紀律案。

決議：交監察委員會查復。

八、秘書處報告：湖北新出獄同志劉伯垂來粵，應請維
　　持其生活案。

決議：由常務委員決定。

九、秘書處提議：現第二次全國代表大會各地代表已經
　　陸續報告，應如何招待，請公決案。

決議：由財務委員汪精衛籌備五萬元，為第四屆全體
　　　中央執行委員會議，及第二次全國代表大會經
　　　費。招待代表之費，即在第二次全國代表大會
　　　經費項下支撥，並由秘書處擬定招待規則，呈
　　　報本會核准。

十、汪委員精衛動議：事繁少暇，只能負籌款責任，至
　　款項之支配，請加推財務委員一人負責案。

決議：由譚平山、林祖涵兩常務委員自定一人為財務
　　　委員。

十一、秘書處提議：第二次全國代表大會會期已近，
　　　擬請組織該會秘書處，以準備一切案。

決議：由書記長起草章程，提出下次會議。

十二、汪委員精衛提議：發給現在北京各執行委員來
　　　粵川資案。

決議：電匯大洋八百元，交北京執行部酌量分發。

十三、北京執行部報告：該部與謝持、林森、鄒魯等衝

　　突始末案。

決議：報告書發表後交政治委員會議復，另電催各委員
　　　即行來粵開會。

北京執行部報告書（一）

逕啟者：

　　本黨監察委員謝持自離粵來京，對於廣東黨務及政
治措施，即有許多不滿意之表示，並向本黨在京要人作
破壞廣東政府之鼓吹；而廣東外交代表團來京後，本部
曾作大規範的歡迎，以為彼等定將廣東政府真相宣佈
於北方群眾之前，而打消一般人之懷疑與謝等之謠言，
不料彼等到京後，總代表林森、秘書鄒魯等，不但不為
國民政府作有利的宣傳，且作與謝持等如同一鼻孔出氣
之反宣傳，林森同志在三千餘人歡迎會上公然說：「無
論北政府南政府一概都是不可靠的，……」等等荒謬言
論。上月此間忽接到由上海哲生、楚傖、玄廬、季陶、
理鳴諸同志來電，促慧僧、溥泉、右任、覺僧、季龍、
子超、海濱、藹青、石曾、青陽、詠薰諸同志赴滬開
會，電中有謂盡於十日內南下開會，經費已有辦法等
語；嗣以此間同志多不能前往，於是又來一電，請此間
同志就近在京開會，至此會議內容如何，本執行部常務
委員既不在被邀之列，無從詳知。但由謝持、鄒魯、林
森諸同志在京舉動觀之，則其內容必不利於本黨及廣州
國民政府可知。廣東外交代表團於本月十四日抵京，而
鄒、林等終未來本執行部一譚，忽於廿一日鄒、林兩同
志來本執行部，聲言限本執行部於兩日內召集北京中央
執行委員會議，而又不以會議何事相告，當時本執行部

常務委員王法勤同志去西安，丁惟汾同志去張垣，只于樹德同志一人在京，乃答覆林同志等，大意謂本黨第四次全體中央執行委員會，原定至遲於本月廿六日開會，現在為期已迫，諸委員應赴廣州開會，不宜在京集會，以免決議之衝突，即或召集會議，亦須有兩個常務委員負責召集，丁惟汾同志日內返京，可少緩一二日云云。不料此信去後，鄒、林、謝、傅、茅、石蘅青諸同志大不謂然，乃由個人出名，定於十月廿五日在翠花胡同八號開譚話會，是日于樹德同志以赴天安門國民大會未能出席，乃是日上午十點鐘時，謝持、傅汝霖、鄒魯、林森、石蘅青、茅祖權諸同志，率領四、五十人盡係同志俱樂部及民治主義同志會份子到本執行部，一面派人將大門把守，一面派人把持電話，入內翻箱倒櫃，牆角廁所等處，到處搜查，一若強盜入室，誠不知是何用心？幸而是日本執行部人員皆到天安門參加國民大會，對於關稅會議示威遊行，無人在部，得免於難，計是日丟去執行部小印一方，簿冊若干種，惟本執行部門前近日常有便衣偵探往來梭巡，一切重要文件皆收藏妥當，故是日並未丟落重要文件。是日鄒、林、謝等又連名發出通告，定於次日（廿六）召集北京中央執行委員正式會議，廿六日本部常務委員于樹德同志在本部候其開會，至九時頃，同志俱樂部及民治主義同志會份子三五成群來本執行部，問其何事，則答云：開非常會議。問其何人所召集；則云：不知。令其簽名，則皆簽一假名或不肯簽名。迨至十時頃，謝、林、鄒同志相隨而至，已達二、三十人，大半皆持鐵手杖，其勢洶洶，大有用武之

勢，適是日有許多黨員來本執行部齊集，預備出發赴新
華門示威（北京示威運動分廿五、廿六兩天），彼二、
三十人始不敢動手。鄒魯同志到部一見人多，即行走
去，謝、林等候甚久，只有傅汝霖、茅祖權到場，至
十二時頃，吳稚暉先生亦到場，終以執行委員到者甚
少，乃各散去。十月廿八日見聯合通信社稿及廿九日黃
報新聞皆登載謝持等又作「反共產運動」新聞一則，大
意謂謝持等聯合北京同志俱樂部及民治主義同志會，欲
強佔共產派所把持之北京執行部，以共產派早有預備，
此種計畫，乃歸失敗，只大罵共產派于樹德而返云云。
按此新聞必係同志俱樂部人所發，吾人由此始知謝持等
所以帶領若干人來執行部者，實有極深之陰謀，而絕不
料被集合以待出發之示威群眾，無意中破壞之也。按
鄒、林等身為本黨中央執行委員，又為廣東外交代表團
政府代表，來京後既不為政府宣傳，已違失職辱命，而
況更作反宣傳，其應受若何之懲罰乎！謝持身為本黨監
察委員，又為國民政府監察院長，對於失職辱命反宣傳
之鄒、林代表等，不但不加聞問，且更藉彼等來京之
便，以遂其掠奪北京執行部之陰謀，真所謂喪心病狂者
矣！其餘如石瑛久已自行辭職、誓不聞問黨事之執行委
員，今亦忽隨同志俱樂部及民治主義同志會份子，前來
本執行部搗亂；傅汝霖乃候補執行委員，實任此次搗亂
本執行部之總指揮；茅祖權實為其參謀，其餘若鄒德
高、姜紹模、張開銘、黃英、陳兆彬、彭革陳等皆前來
本執行部搗亂，甚至如段政府國民代表會議華僑代表林
森，亦冒稱黨員，前來搗亂，真所謂本黨無奇不有之怪

現象矣。至今彼等是否再來本執行部搗亂，此次尚不敢
定，不過彼等俱樂部與同志會之間似有破裂之痕跡（由
聯合通信社之稿及黃報新聞可以推知），而鄒、林、謝
等則將別有所圖，現聞彼等四處運動此間老同志，將發
攻擊共產派及不利於國民政府之宣言，此事尚不知能否
實現，謹將此事前後經過情形，據實陳明。中央執行委
員會應如何處置之處，即希中央斟酌施行，是幸。此致
中央執行委員會

北京執行部
十月三十日

北京執行部報告書（二）

再啟者：

最近又聞林森、鄒魯、謝持、張繼、石瑛、茅祖
權、傅汝霖諸同志，對各地黨部及同志發表通電攻擊北
京執行部，並定期在張家口召集中央執行委員會解決黨
事云云。至應如何應付之處，即希中央決定示知。再
者，如果北京執行部有違法舉動，儘可向中央提出彈
劾，今該同志等竟不顧紀律，擅發通電，已屬不合，況
以北京之大，何處不能召集會議，而必在張家口召集，
究竟是何用心？諸望中央指示辦法為要。此致中央執行
委員會

北京執行部秘書處啟
十一月三日

十四、組織部長譚平山提議：第二次全國代表大會既定
　　　為十五年一月一日，則各黨部尚未舉行初選者，

應令即時開始選舉，至複選限十二月二十日完
竣，報到限十二月廿五日案。

決議：通告。

十五、廣東建造工會聯合會來會請願聲稱：該聯合會屢
　　　被土木工會摧殘，請秉公訊辦，並請取消農工
　　　廳解散該工會成命案。

決議：該會以逞兇殺人，被農工廳解散，官廳方面已不
　　　承認該會之存在，如必欲准其恢復，該會究有何
　　　人負責，應先交出兇手，再行核議恢復辦法。

第一百二十三次會議

十四年十一月二十七日

中央執行委員、監察委員、各部部長聯席會議

到會者：譚平山　詹菊似　陳公博　鄧澤如　林祖涵
　　　　汪精衛　毛澤東　何香凝　譚延闓

主席：林祖涵

書記長：徐蘇中

報告事項

一、主席恭誦總理遺囑，全場起立

二、宣讀第一百二十二次會議紀錄。

三、廣西省黨部籌備處報告：崇善縣黨部正式成立，請
　　准予備案。

四、南寧市黨部呈報：選出該市黨部各委員姓名，請察
　　核令遵。

五、李煜瀛、吳敬恆電稱：多數委員開會，北京苟善意
　　討論，未始非解除誤會共趨一致之良機，否則分途
　　發展，一會不生損失案。

六、上海來電稱：第四屆全體中央執行委員會議定於廿
　　三日在西山碧雲寺開會，請廣州中央執行委員會即
　　日停止職權案。

七、青年部報告：調處廣州市立女子職業學校易長風潮
　　情形。

八、漢口特別市黨部函稱：該部現有婦女同志多不能遠
　　離，特選定譚芝仙一人出席大會，請俯賜核准案。

討論事項

一、浙江紹興縣黨部函詢上海執行部：關於選舉發生疑
　　義或困難時，有無解釋或裁奪之權，請示復案。
決議：交代表資格審查委員會。

二、航空局局長李麇呈：請將各埠購置紀念飛機捐款撥
　　交該局案。
決議：此項捐款仍由會計科交存中央銀行，俟存至能購
　　　十個飛機時，即委託航空局購買。

三、兩廣鹽運使署特別黨部呈：請在兩廣鹽運使署各職
　　員所得捐項內，指撥若干為該黨部經費案。
決議：不准。

四、廣州市第一區第六區分部報告：改期舉行第一次紀
　　念週情形案。
決議：日期係紀念週條例所規定，未便准其擅改，但時
　　　間可自行酌定。

五、汪委員精衛提議：增加海外代表旅費案。
決議：增加；但增加數目若干，俟制定招待規則時規
　　　定，俾與國內代表一致。

六、汪委員精衛提議：將第三次全體中央執行委員會決
　　議在廣州召集第二屆全國代表大會前十日，在廣州
　　召集第四次全體中央執行委員會議之決議文，及
　　此項決議延緩執行之經過詳情，通告海內外各級黨
　　部案。

決議：照辦；並推定毛澤東同志起草。

七、婦女部提出：關於創辦本黨紅十字會籌款計畫案。

決議：交政治訓練部長陳公博審查。

八、組織部長譚平山提議：軍隊特別黨部外之特別黨部
　　選舉法，應如何規定案。

決議：交組織部規定：不足五百人之特別黨部，選舉全
　　　國代表大會代表時，須合併選舉。

九、組織部長譚平山提議：港澳總支部之選舉法應如何
　　規定案。

決議：交組織部會同海外部規定，不足五百人者合併
　　　選舉。

十、宣傳部提出：反奉戰爭宣傳大綱，請認可案。

決議：照原案通過。

反奉戰爭宣傳大綱

甲、反奉戰爭各方面的分析

　　一　帝國主義方面　去年奉直戰爭，起於英美帝國
主義欲挾直系統一中國排斥日本帝國主義勢力之企圖。

其爆發於江浙戰爭，乃美國帝國主義欲壟斷江蘇無線電報借款，排斥日本無線電報借款，故其時美國及親美派竭力助齊燮元，而日本及親日派乃竭力助盧永祥。此次反奉戰爭仍然一脈相承，日本帝國主義站在奉系背後，美國帝國主義站在直系背後。惟英國帝國主義在去年奉直戰後鑒於直系之不中用，於五卅運動全國反英時，不得不極力與日本協調以重利鈎引張作霖鎮壓上海的反英運動，後且相傳英國以鉅款助奉擴充奉天兵工廠企圖以奉系統一全國之說。此時直系以楊宇霆督蘇上海增兵和在北京所開關稅會議有利奉張之故，不得不早日發難。狡猾的英國帝國主義在此次戰役內究竟助奉助直，此時尚難完全斷定。大概日本為對抗美國計，寧願拉攏英國以共同役使張作霖，然英國如察張作霖有不利形勢，而其舊僕吳佩孚有勝利的可能時，為鞏固其長江流域勢力範圍計，他會舍新歡而聯舊好，也是意中之事。故英國帝國主義的態度，將看何方勝利把握較多即助何方。

　　二　軍閥方面　在奉直對峙的局面中，直系方面有湖南、湖北、江西、安徽、江蘇、浙江、福建七省地盤，四川之袁祖銘及袁祖銘支配下之貴州，名義上也屬直系。但這幾省內部各有特殊的派別。吳佩孚、孫傳芳亦必互相分裂，在反奉戰爭劇烈時期孫吳自須聯合作戰，現在戰事停頓，已現裂痕，將來戰勝奉張，必然分裂無疑。奉系方面，自來即有老少兩派，去年勝直以來，因權利的分配內部暗鬥日甚；財政竭蹶，奉票跌至五折以下，前之攫取直魯蘇皖即為解決財政問題，此時蘇皖已失，又因國民軍之威脅，山東及直隸之京漢線亦

將不守，關內財源盡失，聚數十萬飢軍於山海關內外，其勢利於速戰而不利於持久。奉直兩派軍閥無論那一派勝均於中國不利，因兩派背後均有兇惡的帝國主義。惟在全國反奉運動中，直系之反奉自不能不認為一員以共同對付目前強敵，奉倒再以國民之力肅清直系，乃係作戰策略的必要。

三　政派方面　在此次反奉戰爭中，政派之態度可注意者為安福系、研究系、聯治派、新外交系及上海、南通等地之買辦階級。安福系在軍事上的勢力此時可說已經沒有，其政治上的勢力早已裂為親直、親奉二派，惟因親直派失勢，親奉派在北京當權，故北京政府變成完全代表張作霖的東西。研究系自曹吳當國即附曹吳，曹吳雖失敗，仍為吳佩孚主幕；此次直系抬頭，研究系蔣方震等及該系豬仔議員麕集漢口，藉以攫取利益。聯治派乃合政學系、益友社及所謂國民黨同志俱樂部一派政客如章炳麟等許多小政派而成，現時亦均聚在吳佩孚旗幟之下以謀活動。顧維鈞一派所謂新外交系，一向是直系與英美帝國主義之間的賣國經紀人，此派現與研究系及上海、南通等地買辦階級深相結納，一同聚在直系旗幟之下，努力做其賣國運動。上海、南通等地銀行工商教育辦買階級，去年反直戰爭時因美國帝國主義之指引站在直系一邊；此次直系再起，亦馬上從其主人（美國帝國主義）的意旨做了直系響亮的應聲，而且是直系有力的柱腳。以上各政派，除代表日本帝國主義與官僚利益的安福系屬於奉系一邊外，其餘代表官僚及地主階級利益的研究系及聯治派，代表英美尤其是美國利益的

新外交系，與上海南通買辦階級，都站在直系一邊。

　　四　國民軍方面　國民軍與英美日本帝國主義都沒有關係，因此同情於反帝國主義運動，這是國民軍的最大特點。此時因策略上必需尚未與張作霖決裂，或且取暫時的妥協，但這是一時的事。本黨欲圖接近國民革命之成功，在反奉戰爭後有一個長足的進步，則國民軍在北方之勝利實為重要關鍵之一。

　　五　國民政府方面　本黨在廣東的基礎現已十分穩固。北江熊克武部早經解決；東江陳炯明部又已肅清，其小部竄入閩邊者已派兵追剿務絕根株；南路鄧本殷部亦不日可以解決。全境統一可說業已告成，英國帝國主義鈎結陳炯明等消滅本黨革命勢力之企圖，業已完全失敗。省港罷工問題，港商、港政府知無別法可以對抗，現正力謀轉圜，不日可得到勝利的解決。目前本黨在廣東方面所致力者，為革命軍軍力之精練擴充，民政財政司法教育之刷新整頓，工農商學民眾運動之擴大。總之，以最短之時間積極準備實力，俟南北形勢發展至相當時限，即發兵北進，領導全國國民為國事之徹底解決。本黨業用中央執行委員會名義發表對時局宣言，指明反奉戰爭之目的；並用國民政府委員會名義致電直奉兩方重要將領勉其一致推倒奉張，並於奉張勢力倒後建設合於民眾目的之政府及政策，以驗其對於本黨擁護民眾利益主張的迎拒。

　　六　民眾方面　此次反奉運動在民眾意識方面，乃為反抗擁護英日帝國主義壓迫愛國運動之奉系軍閥的運動。故此次反奉運動的主體，應該是全國的革命民眾，

直系之發動僅僅是一枝先發隊，不能算作主體。此時民眾之憤怒奉系軍閥為歷來所未有。全國民眾之反奉即反英日帝國主義，反奉勝利及反英日勝利的觀念，與廣東民眾之討伐陳炯明即攻擊英國帝國主義，東征勝利即罷工勝利的觀念是一樣。故此次反奉戰爭在民眾意識方面與在「直皖」「奉直」幾次戰爭時都不相同。

乙、我們的宣傳及準備

各地各級黨部的負責同志，須有組織有計畫的覓得各種機會，於同志中盡力解釋，於民眾中盡力宣傳以下各點：

一 各國帝國主義在此次戰爭中的陰謀。

二 為英日帝國主義走狗的奉系軍閥如勝利，則民眾將受到絕大的危險。

三 直系反奉，民眾可以利用於一時，但不可任其代替奉張執政。因直系代替奉張執政，人民亦將受到極大危險，直系當國前例，人民不應忘記。在長江各省商人階級歡迎吳佩孚、孫傳芳空氣極盛地方，尤宜於注意宣傳此點。

四 各種反革命派——安福系、研究系、聯治派、新外交系、買辦階級，都是與人民利益絕不相容，不可不揭其陰私，一律排斥。

五 在各派反奉勢力中，馮玉祥一派與吳佩孚、孫傳芳一派不同之點，即馮與帝國主義無緣，贊助國民革命；吳、孫則受帝國主義指使，反對國民革命。故人民於友敵之分辨，全看其與帝國主義有無關係，無論何人何時一與帝國主義發生關係，人民即不認之為友。

六　真正人民的領袖，乃中國國民黨；真正人民的政府，乃廣州國民政府；真正人民的軍隊，乃廣東的國民革命軍。因為國民黨、國民政府、國民革命軍乃反帝國主義的急先鋒，人民利益的擁護者，人民痛苦的慰勞者。（舉廣東反抗英國帝國主義及此次統一廣東積極建設的事實）

七　被壓迫的中國全體民眾，乃一切中國問題的主宰。此次反奉戰爭，人民應該是總指揮。人民應該趕快組織起來，主持這次反奉大運動。

八　國民黨對時局宣言主張之四條：

（一）建設統一全國之國民政府；

（二）此國民政府必於最短期間召集國民會議預備會議；

（三）此國民政府必於最短期間召集國民會議預備會議，對不平等條約為根本之解決；

（四）此國民政府必保障人民言論結社集會之自由。乃結束此次戰爭的唯一辦法，不照此四條則戰爭結局，仍然是帝國主義軍閥合作支配的局面，人民仍然要受與從前同樣的危險。

九　為實施國民黨的主張計，應該趕快準備真正人民代表的國民會議。在各人民團體中，「國民會議解決國事之必要」應繼去年的宣傳重新奮起一個普遍的宣傳，各省省黨部、各特別市黨部於必要時應該在所轄範圍內全體動員對國民會議作猛力之宣傳，以期喚起民眾之注意。

丙、口號

一　打倒張作霖段祺瑞。

二　打倒英美日本帝國主義。

三　打倒一切陰謀政派。

四　人民起來指揮反奉運動。

五　以人民代表的國民會議結束反奉戰爭。

六　建設統一全國的國民政府。

七　取消不平等條約。

八　集會結社言論罷工自由。

九　一切革命分子速加入國民黨。

中國國民黨中央執行委員會第一百二十三次會議決定

中國國民黨中央執行委員會宣傳部印發

中華民國十四年十一月二十七日

十一、宣傳部提出：總理遺囑歌問題。

決議：交汪精衛同志審定。

十二、宣傳部提出：國民政府函請該部會同青年部、
　　　教育廳，將三民主義編入教科書案。

決議：交編纂委員會辦理。

十三、宣傳部提出：楊傑衡呈報華僑演說團腐敗情
　　　形案。

決議：交廣東省黨部。

十四、宣傳部提出：廣東週報名稱問題。

決議：改名政治週報。

十五、廣東省黨部函稱：該省黨部出席大會女代表應如
何選舉，請核示案。

決議：由該省黨部婦女部決定。

十六、中央監察委員會函復：駐法總支部發生糾紛案，
請查照前次審查該案所擬辦法辦理案。

決議：候交第二次全國代表大會討論。

十七、中央監察委員會函復：審查中山縣黨部常務委員
談恩海挾妓留宿黨部一案情形，請革除黨籍案。

決議：通過。

十八、中央監察委員會函復：審查封川縣分部長葉保
冠呈控黨員葉其滋等故犯哀典情形，請施以訓
戒，並飭封川縣長嚴行約束所部案。

決議：通過。

十九、政治委員會函稱：議決關於廣東全省除盜安民計
畫，請查照案。

決議：下星期二即十二月一日午前十一時，由中央黨部
召集政治委員會及廣東省黨部全體委員在本會會
議廳討論，發起廣東全省除盜安民委員會辦法。

第一百二十四次會議

十四年十二月一日

到會者：譚延闓　林祖涵　譚平山　汪精衛

主席：汪精衛

書記長：徐蘇中

報告事項

一、主席恭誦總理遺囑，全場起立

二、宣讀第一百二十三次會議紀錄。

三、上海市第一區第十六區分部函稱：林森等搗亂黨
　　務，請迅予制止查辦案。

四、高棉支部慶祝東征軍勝利。

五、廣西省黨部籌備處報告：隆山縣黨部正式成立請
　　備案。

六、廣西省黨部籌備處報告：龍茗縣黨部正式成立請
　　備案。

七、吳萬均聲明：並未加入北京國民黨俱樂部及民治主
　　義同志會。

八、政治委員會函復：桂林等縣建議取消廣西各級議會
　　案，議決交廣西省黨部辦理。

討論事項

一、廣東省黨部函送寶安縣黨部代表王信、文洪等提
　　議：解決地稅案及說明書，請提出討論案。

決議：交廣州市行政委員會轉送地稅委員會審議具覆。

二、中央監察委員會函復：俞培函請迅飭桂林縣黨部照
　　章遵辦案。

決議：交廣西省黨部籌備處。

三、書記長徐蘇中提出：第二次全國代表大會秘書處組
　　織規則草案，請議決案。

決議：照原案通過。

中國國民黨第二次全國代表大會秘書處組織規則

第一條　　本處依據本黨全國代表大會會議規則第二條
　　　　　之規定而組織。分設左列各科：
　　　　　文牘科　　議事科　　速記科
　　　　　庶務科　　會計科　　印刷科

第二條　　本處設置職員如左：
　　　　　祕書長一人
　　　　　文牘科主任一人　　幹事五人
　　　　　議事科主任一人　　幹事四人
　　　　　速記科主任一人　　幹事四人
　　　　　庶務科主任一人　　幹事三人
　　　　　會計科主任一人　　幹事二人
　　　　　印刷科主任一人　　幹事二人

第三條　　秘書長承主席團之命，掌理全處事務，並指
　　　　　揮監督所屬各職員。

第四條　　文牘科掌理事務如左：
　　　　　（一）監用印信；
　　　　　（二）撰擬文書函電；

（三）編製代表名冊；

（四）編輯及發行大會公報；

（五）收發及保管文件；

（六）接洽新聞記者及關於大會宣傳事項。

第五條　議事科掌理事務如左：

（一）編擬議事日程及繕發通告事件；

（二）掌理大會及各委員會之會議事項；

（三）編輯會議錄。

第六條　速記科掌理事務如左：

（一）執行大會時速記事項；

（二）編輯速記錄。

第七條　庶務科掌理事務如左：

（一）籌備會場及本處各事項；

（二）購置及保管物品；

（三）管理旁聽券事項；

（四）照料警衛事項；

（五）招待代表事項；

（六）關於本處一切雜務。

第八條　會計科掌理事務如左：

（一）管理本處經費事項；

（二）發給代表旅費及公費；

（三）編製大會預算決算書。

第九條　印刷科掌理事務如左：

（一）掌理本處印刷事項。

第十條　本處設書記若干人，由秘書長酌量僱用。

第十一條　本規則由中央執行委員會議決之日施行。

四、常務委員會提出：第二次全國代表大會經費計畫並
　　概算表，請公決案。

決議：修正通過。

第二次全國代表大會經費計畫書並概算表

　　本次全國代表大會因得第一次大會之經驗，一切計
畫自當更求完備。查本次代表較上次約多三分之一，及
議案報告書類亦應增加數倍，故經費配當上，務須以極
撙節之方法，使款不虛糜，而效用益宏，謹將經費分配
計畫列為（一）代表旅費及招待費，（二）大會秘書處
薪工及辦公費，（三）印刷費等三類。

（一）查代表旅費分為來往川資及到粵招待費兩種：

　　1. 來往川資擬就程途之遠近，分三項致送。甲
　　　　項二百元，乙項一百四十元，丙項一百元。
　　　　凡聲明不須領受者，聽其。廣州附近各特別
　　　　黨代表不送川資。

　　　　甲、受甲項川資者　如海外華僑及四川、蒙
　　　　　　　古、黑龍江、貴州、甘肅等處代表約四
　　　　　　　十七人，約九千四百元。

　　　　乙、受乙項川資者　如北京、直隸、山東、
　　　　　　　河南、湖南、湖北、張家口、安徽、綏
　　　　　　　遠、察哈爾、奉天、江西、山西、吉
　　　　　　　林、陝西、雲南等處代表約六十人，約
　　　　　　　八千四百元。

　　　　丙、受丙項川資者　如廣東、廣西、江蘇、浙
　　　　　　　江、福建等處代表約六十人，約六千元。

2. 招待費亦分兩種：甲、開會期間約十日，定每人每日五元，以二百卅人計，共一萬一千五百元。乙、在會期前到者約四十二人，每人每日定招待費二元，會期一個月以前來者以一個月計，二十日以前來者以二十日計，十日以前來者以十日計，數日前來者不計，約共二千三百元。

3. 辦公費內分文具、郵電、廣告、購置、消耗、雜支，各款計一千元。

（二）大會秘書處薪工及辦公費　查大會開會期及其前後預備整理期，共以一個半月為限，秘書處各職員工役薪工數目如下：秘書長二百四十元，主任一百五十元，幹事八十元，僱員三十元至五十元。

（三）印刷費及代表贈品費一萬元，內分各種議案報告書，及會期內一切印刷宣傳品，贈送各代表紀念品等。

此外尚有中央執行委員會第四次全體會議用費計二千元。

第二屆代表大會概算表

項目	概算數（元）	說明
代表川資	二三、八〇〇	甲項九千四百元，乙項八千四百元，丙項六千元，如用大洋尚須另加七千一百四十元
代表招待費	一三、八〇〇	甲、一萬一千五百元 乙、二千三百元
辦公費	一、〇〇〇	

項目	概算數（元）	說明
秘書處員役薪工費	九、四九五	
印刷費	一〇、〇〇〇	
中央執行委員第四屆會議費	二、〇〇〇	此款在大會前一週用故列入
總計	六〇、〇九五	如川資改用大洋尚須增七千一百四十元

五、常務委員會請派吳玉章

為第二次全國代表大會秘書處秘書長，劉芬為文牘科主任，許甦魂為議事科主任，王學鑾為會計科主任，王文炳為庶務科主任，譚劍秋為印刷科主任案。

決議：通過。

六、湖北省黨部函稱：戴季陶發表反動之言論，並聞有破壞本黨及國民政府事實，請嚴為防範案。

決議：交政治委員會。

七、財政委員會報告審查結果，並擬定三個月預算表，請議決案。

決議：本黨經費常因黨務之發達而增加，未能概為預定，此項預算，只可作為十二月份預算，函知財政部照撥。

財政委員會審查報告

本委員會奉各種財務案件約分二類：

（一）本會經費預算，

（二）本會補助各級黨部及各團體經費概算。

　　業經連日集會討論，釐正項目，剔除繁冗，擬定在二屆大會前即十一月、十二月、來年一月三個月中應支數目。茲將審查結果報告如左：

（甲）本會經費預算共分十六項開列：

　　　　（一）秘書處月額一千三百八十元，

　　　　（二）組織部月額一千零七十元，

　　　　（三）宣傳部月額一千零三十元，

　　　　（四）宣傳費月額七千八百六十五元，

　　　　（五）中央通信社月額五百四十五元，

　　　　（六）青年部月額三百壹拾元，

　　　　（七）婦女部月額七百八十元，

　　　　（八）海外部月額四百七十元，

　　　　（九）農民部月額六百元，

　　　　（十）農民運動特別費月額七千二百一十元，

　　　　（十一）工人部月額七百元，

　　　　（十二）商民部月額五百元，

　　　　（十三）中央監察委員會月額九百元，

　　　　（十四）工役餉項月額三百三十八元，

　　　　（十五）辦公費（文具郵電廣告購支消耗修繕雜支等）月額一千三百五十元，

　　　　（十六）中央特別費月額五千元。

以上十六款合計月支三萬零零四十八元。

（乙）本會補助各級黨部及各團體經費概算，共分二十六項開列：

　　　　（一）上海執行部月額一千三百元，

　　　　（二）北京執行部月額六百一十元，

（三）廣東省黨部月額七千七百八十三元，

（四）湖南省黨部月額一千五百六十元，

（五）湖北省黨部月額一千七百九十四元，

（六）江蘇省黨部月額七百八十元，

（七）福建省黨部月額五百二十元，

（八）漢口特別市黨部月額二百六十元，

（九）山東省黨部月額六百五十元，

（十）直隸省黨部月額六百五十元，

（十一）北京特別市黨部月額六百五十元，

（十二）江西省黨部月額二百六十元，

（十三）安徽省黨部月額二百六十元，

（十四）蒙古特區黨部月額二百六十元，

（十五）察哈爾特區黨部月額二百六十元，

（十六）綏遠特區黨部月額二百六十元，

（十七）湘軍講武堂黨部月額二百元，

（十八）青年軍人聯合會月額一百五十元，

（十九）海員第一區分部月額四十元，

（二十）工人代表會月額五百元，

（二一）港澳總支部月額四百一十元，

（二二）工人俱樂部月額一百元，

（二三）劉芬補助費月額一百零四元，

（二四）戴卓文補助費月額六十五元，

（二五）宣傳員養成所月額二千元，

（二六）商民運動講習所月額四百元。

以上二十六項合計月支二萬一千八百二十六元。

　　上列兩款總計實支五萬一千八百七十四元，而本會收入，目下僅財政部撥來每月三萬元，又黨員所得捐現尚未能全數收得，約略計算每月不過二千元，兩共三萬二千元。除支每月不足一萬九千八百七十四元，又中央議補助上海大學建築費大洋二萬元，案經決定，該校屢次催討，應提出另由政府籌交，不歸本預算範圍內。又本會自本年四月至九月，六個月中積欠共毫洋二五、○八四元○九仙，港恏二四、八五六‧七元，暫由私人借墊，或係掛欠商店，應飭政府速行籌還。至於本會經費原定每月五萬元，為數本不為多，應再訓令財政部並通知政治委員會特別注意，毋徒以經費欠缺之故，致令中央黨部僅擁虛名，實足使內外同志失望也。

中國國民黨中央執行委員會總預算

項目	月額（元）	年額	說明
秘書處	1,380		
組織部	1,070		
宣傳部	1,030		
中央通訊社	545		
宣傳費	7,020		
	（大洋 650）845		
青年部	310		
婦女部	780		
海外部	470		
工人部	700		
農民部	600		
商民部	500		
中央監察委員會	900		合京滬中央監察委員用費，擬加 450，共為 900
工役餉項	338		
辦公費	1,350		
中央特別費	5,000		

項目	月額（元）	年額	說明
農民運動特別費	7,210		
共計	30,048		

中央補助各級黨部及各團體經費概算表

項別	月額（元）	年額	說明
上海執行部	（大洋 1,000） 1,300		此額係暫定十一月至明年一月之補助費，下仿此
北京執行部	（大洋 500） 610		
廣東省黨部	4,783		
	特　3,000		
湖南省黨部	（大洋 1,200） 1,560		
湖北省黨部	（大洋 1,380） 1,794		
江蘇省黨部	（大洋 600） 780		
福建省黨部	（大洋 400） 520		舊欠稍緩
漢口特別市黨部	（大洋 200） 260		
山東省黨部	（大洋 500） 650		
直隸省黨部	（大洋 500） 650		
北京特別市黨部	（大洋 500） 650		
江西省黨部	（大洋 200） 260		
安徽省黨部	（大洋 200） 260		
蒙古特區黨部	（大洋 200） 260		
察哈爾特區黨部	（大洋 200） 260		
綏遠特區黨部	（大洋 200） 260		
湘軍講武堂黨部	200		
青年軍人聯合會	150		
海員第一區分部	40		決議以後交海員特別黨部轉交
工人代表會	500		

項別	月額（元）	年額	說明
劉伯垂補助費	（大洋 80） 104		候查是否在漢市二百元內
戴卓文補助費	（大洋 50） 65		
宣傳員養成所	2,000		學生已減少，應另候審查
商民運動講習所	400		
共計	21,826		

八、廣東省黨部函送清遠縣第三區黨部代表王鏡波等
　　呈請改組該縣黨部，並懲辦舞弊黨蠹案，應如何辦
　　理，請指示案。

決議：由中央組織部、農民部會同廣東省黨部組織委
　　　員會辦理。

九、四川省黨部代表吳永珊等函請：
　　（一）批准該省黨部三、九六四元之預算表，
　　（二）請償舊欠二千七百元，
　　（三）援照上海大學成案補助中法大學四川分校案。

決議：由常務委員比照江蘇省黨部補助經費案辦理。

十、軍事委員會參謀團陸海軍醫院函詢昨晨本會曾否派
　　胡霖到該院調查案。

決議：本會並未派胡霖赴該院調查，胡霖應交監察委
　　　員會查辦。

第一百二十五次會議

十四年十二月四日

中央執行委員、監察委員、各部部長聯席會議

到會者：譚平山　鄧澤如　詹菊似　林祖涵　陳公博
　　　　毛澤東　何香凝　汪精衛

主席：譚平山
書記長：徐蘇中

報告事項

一、主席恭誦總理遺囑，全場起立

二、宣讀第一百二十四次會議紀錄。

三、秘書處報告：中央決定在廣州開第四次中央執行委
　　員會全體會議，及第二次全國代表大會事，上海民
　　國日報尚復附和北京少數人之論調，竟登載主張
　　在京開會之函電，實屬不合，已去電訓誡，特行
　　補報。

四、國民政府秘書處抄送北京第四次中央執行委員會全
　　體會議敬電。

五、四川省黨部代表吳玉章、楊闇公、廖划平、童庸
　　生、谷武和、女特別委員廖竹君等宣言尊重中央，
　　召集第二次大會之感電，望海內外同志一律來粵
　　開會。

討論事項

一、江西省黨部函：請發給欠款大洋壹千壹百元及全省
　　代表大會用款六百元案。

決議：查照第一百廿四次會議所定中央補助各級黨部概
　　　算表，即日匯寄大洋二百元，欠款俟政府補發
　　　本會舊欠時，再行酌給。

二、江西省黨部函稱：星子縣黨部執行委員羅紹堯、弋
　　陽縣黨部常務委員黃鎮中，各被誣陷入獄，請撥款
　　接濟羅黃二同志家屬案。

決議：羅黃二同志家屬各給大洋五十元。

三、荷屬支部執行委員會函稱：議決擁護本會一切決
　　議，並選定李國瑞同志為第二次大會代表案。

決議：交代表資格審查委員會。

四、財政部長宋子文函稱：轟烈品應由國家專賣，請議
　　決施行案。

決議：此案既經政治委員會議決交該部執行，政治委
　　　員會係本會關於政治問題之最高決定機關，本
　　　會未加否認，即無再議之必要；如有必須覆議
　　　之處，應由政治委員會申請，亦無庸該部逕行
　　　提交本會之理，此舉認為手續不合，原案著秘
　　　書處退還。

五、婦女部長何香凝提議：本會門禁森嚴，同志出入多

感不便，應設法通融案。

決議：通知衛隊凡持有本黨黨證者，除秘書處外，一
　　　律准其自由出入，並令庶務科於頭門內設置候
　　　見室。

六、毛澤東同志遵照第一百廿三次會議第六項之決議，
　　提出通告草案，請公決案。

決議：照原案通過。

通告　第二三一號

（闡明容共意義及斥西山會議派）

　　全國及海外各級黨部全體同志均鑒：溯自先總理在
日，鑒於革命之歷久無成功，毅然決定改組本黨。當時
即有一班懶惰右傾黨員，欲迴避真正之革命，知改組刷
新之不利於偷惰壟斷升官發財，阻撓備至。及第一次
全國大會決定革命策略以後，彼輩知阻撓之無濟於事，
乃公然叛變。馮自由、馬素等勾結段祺瑞、張作霖另組
團體倡之於先；楊希閔、劉震寰勾結英國帝國主義舉兵
發難於後；梁鴻楷、鄭潤琦、莫雄、朱卓文等更不惜出
以最殘酷之手段，置我最忠勇之廖仲愷同志於死地，欲
一舉推翻廣州革命根據地。本黨於此存亡絕續之交，為
保持本黨革命地位計，不得不出以嚴厲之手段以處置諸
叛黨黨員。幸賴先總理革命精神之感召，諸同志強毅勇
猛之努力，於本年六月掃平楊劉，於九月肅清廖案諸叛
逆，使廣州根本之地，危而復安，革命事業，挫而愈
奮，團結淬礪，進展可期。不圖彼輩毒心不已，又復勾

結熊克武圖從北江襲取廣州，與英國帝國主義指揮之陳
炯明、鄧本殷三方夾擊，以期破滅我革命勢力。復賴同
志一致努力，於兩月之內，使三方頑敵，以次肅清，革
命權力，因以鞏固。當此之時，北京少數同志忽又以開
第四次全體中央委員會聞。查第四次全體中央委員會
議，迭經五月二十一日及五月二十三日第三次全體中央
委員會議決定，只能在廣州開會。因第二次全國大會，
係決定在廣州開會，第四次全體中央委員會議係為議決
在大會提案等事，十月三十日中央執行委員會議決第四
次全體委員會須在全國大會前三星期召集，即是此意。
且廣州為本黨革命根據地，北京乃軍閥及反革命派麇聚
高壓之區，全體會議屬於公開性質，安能舍廣州而至北
京。顯係一班叛黨黨員，假借機會，慫恿少數革命觀念
搖動之中央委員，謀不利於本黨之行動，鄒魯即其中之
一也。查本黨自改組以迄於今，反動黨員自馮自由以迄
鄒魯，所同然一詞以攻擊本黨及本黨政府者，曰共產，
曰聯俄，曰容納共產派份子。夫共產云云，乃帝國主義
軍閥用以離間國民革命中各階級聯合戰線之一種策略，
吾同志苟與帝國主義軍閥無緣，即不應助之宣傳，以淆
亂國民觀聽。且事實具在，謠言之興，必難持久。惟聯
俄與容納共產份子，則為本黨求達到革命成功之重要政
策，先總理決之於先，第一次全國大會採納於後，乃有
客觀之根據及深切之理由。蓋今日之革命，乃世界上革
命與反革命兩大勢力作最後決鬥之一幕，與歷史上一切
革命異其性質，則革命之進行，亦當然異其策略。今帝
國主義之對吾黨，早已為國際聯合的壓迫，若吾黨之革

命策略不出於聯合蘇俄，不以占大多數之農工階級為基
礎，不容納主張農工利益的共產派份子，則革命勢力陷
於孤立，革命將不能成功。本黨辛亥革命所以未能成
功，即因當時反革命派勢力已有國際的聯合，而吾黨革
命勢力尚無國際聯合，在國內亦未喚起大多數民眾為之
基礎，完全陷於孤立地位，故不得不妥協遷就以馴至於
失敗。時至今日，豈可復蹈故轍？彼帝國主義軍閥正惟
吾黨今日所採革命策略之可畏，乃多方離間破壞，務令
吾黨盡絕國內外之一切友助，回復從前孤立地位，使革
命事業永無成功，而後彼等始得遂其永久統制中國之願
望，其計之毒，寧有逾此。我少數同志觀察不周，輒為
此等離間政策所惑，年來黨內糾紛，大抵肇原於此。須
知今日之局面，不為革命，便為反革命，無絲毫中立迴
翔之餘地。然欲革命，必須聯合國際及國內各派革命勢
力，團為一體，始能與反革命派決戰而不敗。否則未有
不失敗者。不惟失敗而已，其自身且有隨時陷入反革命
派之危險，則馮自由以至鄒魯諸叛黨黨員，其明證也。
此次北京開會之事，已由本會去電嚴駁，且已決定第二
次全國大會會期為明年一月一日，於本年十二月十一日
開第四次全體中央委員會議於廣州，業經電促京滬各委
員刻日南下與會，多數委員意見一致，本已毫無問題。
惟因近來黨內外謠諑之興，多由不明瞭本黨政策而起，
用將改組以來與反革命派奮鬥之經過及先總理所採革
命策略之根由，通告各地同志，望各同志堅持總理之
主張，勿為異說所搖惑，革命前途，實利賴之。特此
通告。

中國國民黨中央執行委員會
中華民國十四年十二月四日

七、青年部報告：原有職員除阮紹元留任外，郭威白、
　　莫耀錕、吳榮楫、鄭志一四人均已辭退，另任余愷
　　湛為秘書，林熙盛為書記，以符預算，請公決案。

決議：通過。

八、廣州市組織委員會錄呈該會第十八次會議議決各
　　案，請察核案。

決議：來呈第三項關於市內黨員尚未補行登記之議決
　　　案，應改為在廣州市內之黨員限本年十二月內
　　　登記，逾期未能登記者，須聲明理由，餘准如
　　　呈備案。

九、高語罕函稱：離歐時奉駐歐總支部委托為出席第二
　　次大會代表，因道出奉天，不克攜帶證書，可否出
　　席，請電示遵案。

決議：交資格審查委員會。

十、駐日總支部代表陳季博函：請暫撥該總支部宣傳費
　　三百元，以後月給二百元，並稱墊款五百元，請酌
　　量撥還若干，以濟急需案。

決議：宣傳費三百元，即日匯寄；墊款須候政府補給本
　　　會欠款時再議。

十一、主席提議：下星期二下午二時由中央常務委員
　　　召集廣州特別市黨部、區黨部、區分部各常務
　　　委員開聯席會議，報告整理廣州市黨務經過情
　　　形，並討論進行方法案。

決議：通過。

十二、江蘇省黨部函：請將搗亂南京市黨部案，仍照
　　　八十八次會議決議執行，並予上海執行部及上
　　　海民國日報以處分案。

十三、南京市黨部報告，成立市黨部情形，請核准案。

決議：十二、十三，兩案併交滬蘇事件審查委員會。

十四、浙江寧波市黨部呈稱：沈定一、沈肅文藐視紀
　　　律，請革除黨籍案。

決議：交資格審查委員會。

十五、海豐縣長李家禮電詢縣黨部及黨報經費共七
　　　百七十元，應否照撥及應作何項支銷，請示遵案。

決議：交廣東省黨部。

十六：汕頭市工會聯合會電稱：郭淵谷誣控陳簡民案，
　　　請詳查陳君答辯書，並懲郭，以免誤會案。

決議：交中央監察委員會查辦。

十七、惠州八屬黨務組織員徐天深、蕭鵬魂報告籌備惠

屬各縣黨務經過情形案。

決議：交廣東省黨部。

十八、海外部提出：南洋總支部函稱：第二次大會代
　　　表鄧子實、彭澤文、崔廣秀等請轉省港罷工委員
　　　會，將罷工條件加入開復海外本黨機關省釋被捕
　　　黨員一條，或另籌辦法請公決案。

決議：另籌辦法。

十九、政治委員會函復：高煊、馬西藩、楊可大等請
　　　補助赴俄留學費案，議決照准，由中央黨部撥
　　　給案。

決議：應改由本會函請國民革命軍第三軍軍部撥給。

第一百二十六次會議

十四年十二月十一日

中央執行委員、監察委員、各部部長聯席會議

到會者：汪精衛　何香凝　譚平山　鄧澤如　林祖涵
　　　　詹菊似　毛澤東

主席：汪精衛
書記長：徐蘇中

報告事項

一、主席恭誦總理遺囑，全場起立

二、宣讀第一百廿五次會議紀錄。

三、政治委員會函知：議決組織廖案特別法庭，以李章
　　達及廣東省黨部二人為審判員。

四、陸軍軍官學校特別黨部報告：該部執行委員余翰
　　邦冒用名義，拍電汪黨代表，經議決免職，請察
　　核案。

五、李烈鈞江電稱：感電已託于右任辦理，並略論大局。

六、汪委員精衛報告：戴季陶、邵元冲已與鄒魯等衝突
　　離京南下。

七、政治委員會報告：北京冒稱中委會議來電稱：議決
　　開除中央執行委員譚平山、李大釗、于樹德、林祖
　　涵，候補委員毛澤東、瞿秋白、韓麟符、于方舟、
　　張國燾等語；經議決此種會議違法無效，並提交第

二次全國代表大會辦理。

八、政治委員會函知：接北京執行部報告，查得銑電列名主張西山會議各情形，經議決交第二次代表大會辦理。

九、虎門要塞特別黨部呈報黨員名冊及組織系統表。

十、第二次全國代表大會秘書處秘書長吳玉章呈報組織成立及就職日期，請察核備案。

討論事項

一、廣東省黨部函稱：羅偉疆提議：將惠陽縣改為仲愷縣，請核示案。

決議：原則上應予贊成，但須俟該縣整理就緒，再行發表。

二、劉侯武函稱：法人摩寧氏為本黨盡力，致受安南政府嫉視，現已加入本黨，並願歸化我國，請予以工作，並示復以便轉達案。

決議：覆函如摩寧氏願來粵，本會當予以相當工作。

三、東莞縣黨部籌備處函稱：否認林森等在京召集非法會議，並請嚴加處分案。

四、上海市第一區十三分部函稱：上海民國日報記載混亂，請整理以利進行，並稱上海執行部委員葉楚傖擅離職守，請速派人維持案。

五、江蘇省黨部否認北京非法會議，並請中央從速召集第二次代表大會案。

六、蘇州市第二區第一區分部函：請查辦林森等在京擅
　　開會議，並從速召集第二次代表大會及改組民國日
　　報案。

七、上海市第九區第二分部函稱：林森等在京擅開會
　　議，上海民國日報著論擁護，請嚴行制止案。

八、上海市第一區黨部請派員到滬主持黨務案。

九、上海市第四區第六分部黨員陳文等函：請將在京
　　開會各委員提出彈劾，並否認該分部贊成北京開會
　　通電。

十、上海市第四區第七分部函：請查辦林森等在京擅開
　　會議案。

十一、浙江永嘉第三區第二分部函：請查辦林森等在京
　　　擅開會議案。

十二、浙江永嘉第三區黨部否認林森等在京召集會議，
　　　並請派員到浙組織正式省黨部，查究臨時省黨
　　　部選舉舞弊各電案。

十三、浙江嘉興縣黨部請速派員到浙組織正式省黨部，
　　　並擬先組織市縣黨部聯席會議，代行省黨部職
　　　權，可否請示覆案。

十四、梧州市黨部呈請開除不法黨員案。

決議：以上三、四、五、六、七、八、九、十、十一、
　　　十二、十三、十四各案併案討論，決定如下：
　　　（1）關於彈劾北京非法會議事，一面發表，一面
　　　　　提交第二次大會。
　　　（2）關於上海民國日報問題，交中央宣傳部長審
　　　　　查，並擬具辦法呈覆核辦。

（3）關於浙江省黨部問題，由該省各市縣黨部組
　　　織聯席會議代行省黨部職權，以解決選舉糾
　　　紛，同時組織正式省黨部，至該省臨時省黨
　　　部違背中央執行委員會決議，主張在北京開
　　　違法會議，應即行解散。

十五、江蘇省黨部函：請
　　　（1）將所推薦之張應春、范志超、楊明暄三女
　　　　　同志指定一人出席第二次代表大會，
　　　（2）解散上海民國日報，並即派員查辦改組案。
決議：
　　　（1）指定張應春出席第二次代表大會，
　　　（2）民國日報問題俟宣傳部審查報告後再議。

十六、南京市第一、二、三、四區黨部呈：為南京市黨
　　　部未得上級黨部命令，私行組織，請求查辦，
　　　開除黨籍案。
決議：交江蘇省黨部辦理即行改組。

十七、梧州市第一區黨部代表大會魚電報告：第三區籌
　　　備主任莊國華，違反中央決議，不守紀律案。
十八、廣西扶南縣臨時黨部報告：選舉違法請核示案。
決議：十七、十八兩案併交廣西省黨部。

十九、廣東省黨部請發起廣州市民大會擁護本黨主張對
　　　外示威大運動案。

決議：照辦。示威大運動之內容：
    （1）響應北京民眾的革命運動；
    （2）宣傳廣東全省除盜安民計畫；
    （3）擁護省港罷工條件；
    （4）督促國民政府國民革命軍，迅速計畫出兵，
        以完成全國革命的統一。

二十、組織部長譚平山提議：委托江蘇省黨部招待來粵
      出席第二次大會代表案。

決議：照准。

二一、廣州市第一區第七區分部請將紀念週內所定俯首
      默念三分鐘一節明令廢止，以昭忠實案。

決議：應毋庸議。

二二、軍事委員會政治訓練部主任陳公博函復：審查婦
      女部提出關於創辦本黨紅十字會籌款計畫案情
      形，請公決案。

決議：所議甚是，交本黨紅十字會查照。

二三、婦女部長何香凝提出：中國國民黨紅十字會章
      程，請公決案。

決議：通過。

二四、中國國民黨紅十字會函：請向舖票中式彩銀提扣
      二成撥充該會經費案。

決議：照准；並轉知財政部照辦。

二五、鮑羅廷夫人函陳：關於本黨紅十字會之意見案。
決議：復函；採納其意見。

二六、東京支部執行委員會呈送郝兆先叛黨證據，請鑒
核案。

二七、東京第四分部報告：東京支部發生風潮之原因案。
決議：廿六、廿七兩案併交海外部審查具復。

二八、秘書處會計科主任伍哲夫呈請辭職案。
決議：照准；著該科幹事黃幹朝暫行代理。

二九、上海市第一區黨部函：請派員到滬主持黨務案。

三十、組織部長譚平山提議：上海各區黨部代表複選問
題案。
決議：廿九、三十兩案併案議決，在上海特別市黨部
未正式成立以前，由上海各區黨部聯席會議代
行職權，關於選舉代表及一切事務，概歸其辦
理，並著從速組織正式特別市黨部。

三一、巴達維亞匯來毫銀一千一百八十一元三毫，請轉
給在粵失業之同胞及撫卹慘案死難者家屬案。
決議：由本會秘書處辦理。

三二、汪委員精衛提議：各地同志現函電紛馳，請懲辦
　　　鄒魯等在京擅開違法會議之罪，本會不能置而
　　　不覆，應即通電海內外各級黨部，告以此案正
　　　在調查，俟分別調查清楚，即提交第二次代表
　　　大會核辦案。

決議：通過。

三三、汪委員精衛提出：召集第二次全國代表大會宣
　　　言案。

決議：照原文通過。

中國國民黨召集第二次全國代表大會宣言

　　去歲一月，先總理召集第一次全國代表大會於廣
州。當其時，帝國主義與軍閥相勾結之勢力，已箝制全
國，使全國民眾陷於水深火烈之地位。而廣東境內，則
反革命派陳炯明、鄧本殷等，竊據東江南路，仰北方軍
閥之餕餘，為之效死；且勾致北方軍閥，由北江來犯，
以圖顛覆我革命政府。其隸屬於我革命政府之下者，如
楊希閔、劉震寰等，則假革命之名，以行盜賊之實，遂
使政治紊亂，民生彫敝。革命政府不惟不能資以為用，
且受其牽掣，使一切革命政策無繇實行，坐視人民之憔
悴呻吟而不能救。先總理惻然不忍，乃於大會中，確定
根本方策，以期撥亂而致治，舉其大者如下：

一、確認國內亂象，乃帝國主義與軍閥相勾結之勢力，
　　實使之然。而帝國主義尤為主動，軍閥不過供其傀
　　儡。欲撲滅軍閥，首在撲滅軍閥所賴以生存之帝國

主義。故於大會中明揭反對帝國主義之主張,同時更與世界革命先進之蘇俄,聯合戰線,以求此主張之貫澈。

二、全國民眾胥受帝國主義及軍閥之壓迫,而農工民眾,在全國民眾中為大多數,其受壓迫,亦為至深且切,故必須結合農工民眾之勢力,使之自求解放,即以解放中國。

三、欲使民眾能擔負掃除帝國主義及軍閥之勢力之工作,則不可不供以武裝及相當之訓練。故第一步須施政治訓練於軍隊,使之與人民相結合,第二步使之成為人民之軍隊。

四、欲使本黨黨員,能為民眾的領導,以擔負上述之工作,則不可不於本黨中,充實革命的分子,使一切反革命、假革命、不革命的分子,無存在之餘地,故於大會中,決定容納中國共產黨黨員,與之努力於國民革命之工作。

五、欲使本黨能獲得實行其主義及政策之自由,則不可不有極嚴肅之紀律,以整齊黨員之行動。蓋惟黨員之行動,能集中於團體,然後團體之行動乃能活潑無礙也。故凡黨員之行動有礙於團體者,必執紀律以繩之,無所假藉。

以上五者,皆先總理於大會中所確定之根本方策,處此惡劣之環境,欲為人民求一出路,舍此末由!然大會未畢而對於根本方策持異議者,已有其人,自是以後,蓄謀破壞者,與時俱長。核其原因,不外黨員之中,有反革命、假革命、不革命種種分子,其平日列名

黨籍，只圖藉黨行私，初無意於為黨服務。故對於反抗帝國主義，則慮以此賈禍，不獲容身於租界；對於提倡農工運動，則慮以此取增於富且貴者，不獲廁身於搢紳之林；對於軍隊與人民合作，則慮失其軍閥之地位，不獲擁兵自衛，以遂其無饜之欲；對於容納共產分子，則慮以努力工作之故，而相形見絀；對於嚴明紀律，則慮喪失其為惡之自由，且將以制裁之故，而至於不能維持其藉黨行私之生活；積此種種，對於先總理所確定之根本方策，搖撼之惟恐不力！遂使帝國主義者得蹈瑕乘隙，以施其挑撥離間之伎倆。由是本黨乃橫遭種種疑謗，種種誣衊。然先總理則處之夷然，不因之而稍易其進行之方向。徵之第一次及第二次中央執行委員會全體會議之際，　先總理所訓迪之辭，及對商團事件宣言，北伐宣言，開國民會議宣言，先總理對於所確定之根本方策，以邁往無前之氣，力行不惑之精神，促其實現，當為有耳目者所共聞共見者也。

及乎冬間，先總理挺身北上，深入帝國主義與軍閥之四面包圍中，為不息之奮鬥。全國民眾，為所感動，已漸即於覺悟，而黨員中之不肖者，則已於秘密黑暗之中，賣身軍閥，為之走狗，因以為帝國主義走狗之走狗，上海、天津、北京一帶，帝國主義之報紙，遂時時發現馮自由、馬素、江偉藩諸人反動之言論，今歲春間先總理病篤，彼輩更謀一舉而覆本黨之根本，於是依段祺瑞肘腋之下，仰安福系之餒餘，以成立所謂國民黨同志俱樂部。黨員之搖惑失志者，不恤捐棄廉恥以從之，其以忠厚老成自命者，則務為持重以姑息養姦，寧隳壞

本黨之生命與基礎，而不敢得罪於三數不肖分子。當此之時，本黨之生機，不絕如縷，蓋亦可謂至危矣。

猶幸先總理自強不息之精神已漸漬於人心，而成為至偉大之勢力。故當病篤之際，在廣州之黨軍，已能體先總理平日之志事，一舉而蹴平東江群賊。及乎病歿，全國民眾，皆以喪失導師為大戚，由無涯的同情，而生無涯的興奮！北京民眾，以見聞較切，影響較深之故，尤於無形中廣植革命之種子，以待時而發。而第三次中央執行委員會全體會議在北京開會之際，備受軍閥之壓迫，與反動分子之蹂躪，又足以證明：苟不於革命根據地，鞏固其勢力，以謀逐漸發展，絕不足以經營全國。遂相率南下，繼續第三次會議於廣州。在此會議中，所首先決定者，全體黨員，誓以至誠，接受先總理之遺囑，使國民革命之工作，不致中斷。其他種種決定：對於黨內者，則有關於黨的紀律之通告，有對於黨軍校及軍隊之訓令，有關於共產黨員加入本黨之訓令；對於時局者，則有對於時局宣言，有主張國民自動的開國民會議預備會議之宣言，有整飭軍隊決議案。凡此種種，無一非根據先總理所確定之根本方策，而引申說明其意義者也。

最高黨部，既有此種種之決議，以確定本黨進行之方針，遂集合革命的分子，奮起而當此大任。六月中旬，掃滅楊希閔、劉震寰之反革命勢力，以奠定革命根據地之基礎。六月下旬，受帝國主義者，突如之襲擊，而不為所屈，且聯合民眾，對之為激烈之反抗。七月一日，國民政府成立，一方面對於帝國主義軍閥及一切反

革命派，取不妥協不姑息的政策，一方面對於民眾努力
保障其利益，尤於居大多數之農工民眾，扶植其團體的
勢力，輔助其組織，而促進其發展，故軍政統一，財政
統一，軍需獨立，及軍隊皆受政治訓練諸端，皆次第實
行，使一般驕兵悍將，貪官汙吏，失其憑藉。而一般民
眾，始不復為積威所劫，而漸恢復其自由。凡此種種，
又無一非根據先總理所確定之根本方策，而努力以求其
實現者也。

　　八月二十日，中央執行委員廖仲愷同志，死於反革
命派之手，一時反動氣勢為之驟張，然革命派以不屈不
饒之精神，應此巨變。二十五日，遂捕縛嫌疑犯人，並
解散反側軍隊，張國楨之徒悉斂手就擒，魏邦平之徒
皆僅以身免，廣州革命根據地，反因此得一重之保障。
及九月二十日，更進而解散東莞、增城、寶安一帶之反
側軍隊，使鄭潤琦、莫雄等與楊坤如勾結為患之隱謀，
為之破滅。十月三日，在廣州捕獲熊克武等，以絕陳炯
明之內應。由是東征軍無後顧之憂，長驅而前，不踰一
月，逆敵以已殲除殆盡，惠潮梅諸屬以次底定，南路諸
軍，亦所向克捷。十一年六月以來，久淪化外之諸郡
縣，始復歸版圖，廣東全省始告統一。蓋自八月以來，
反革命派之謀我，可謂無所不至，外則結連帝國主義
者，以封鎖我口岸，梗阻我交通，更連結北洋軍閥，運
其艦隊，以侵擾我沿岸，窺伺我門戶；內則煽動我反側
分子，使失意軍人，無聊政客，有如蟻附，而土豪及盜
賊，更從而張其聲勢。然革命派對之，則以勇往直前之
氣，成摧枯拉朽之功。蓋革命派他無所恃，其所恃者，

惟篤信謹守先總理所確定之根本方策，團結左派分子之
勢力，代表大多數民眾之利益，以與帝國主義及軍閥為
殊死戰而已。數月以來，雖以戰事頻繁，建設諸端，多
有懷未逮。然國民革命之障礙，既以漸清除，因之用人
行政，不復如以前之掣肘，對於各種事業，設調查委員
會或查辦委員會，以掃除積弊；對於財政，亦以積極整
理之故，而預算得以成立；對於東江南路新定之區，務
使人民與政府合作，以謀長治久安之道。凡此種種，皆
所以求革命根據地之鞏固與民眾之安寧，先總理所確定
之根本方策，足以撥亂致治，於此已信而有徵矣。

當此之際，北方軍事，忽生變化，奉天軍閥，一朝
瓦解，北京國民革命之勢，有如潮湧。凡我同志，誠宜
及時努力，以求履行先總理之遺囑，完成國民革命之工
作。而謝持、鄒魯等乃欲繼承馮自由、馬素、江維藩等
之反動計畫，以圖破壞先總理所確定之根本方策。凡我
同志，苟詳審第一次全國代表大會以來之革命趨勢，則
於是非曲直，必能瞭然而無疑。

今於召集第二次全國代表大會之際，謹略述經過，
以期策勵於將來焉。

三四、汪委員精衛提出：東江行政委員周恩來東魚兩
　　　電報告：陳簡民畏罪潛逃廈門，請中央削除黨
　　　籍案。
決議：原電發表後，交中央監察委員會審查。

三五、秘書處提出：齊日復北京執行部並通電全國國民

電文，請追認案。

決議：追認。

復北京執行部並通電全國國民電文

北京翠花胡同八號于樹德先生轉北京中國國民黨全
體同志及革命民眾均鑒：來電悉。北京革命運動奮起，
同志身任前鋒，負傷受創，為民眾之自由而戰鬥，本中
央執行委員會特向諸同志表示敬禮；北京革命民眾，為
國民之自由而戰鬥，受傷甚多，中國國民黨中央執行委
員特向受傷之革命民眾表示敬禮。慨自辛亥革命，功敗
垂成，北方民眾陷於帝國主義軍閥嚴重壓迫之下，水深
火熱，直至今日，始克向帝國主義軍閥顯示其威力，奮
起攻擊。望我同志，團結淬礪，不怕犧牲，不避艱阻，
凡遇示威戰鬥，當奮身站在民眾前列，為民眾之領導與
護衛。北京革命民眾，乃北方一切被壓迫民眾之領導，
望一致聚集中國國民黨旗幟之下，為民族解放而奮鬥。
本黨將悉其能力，號召全國革命民眾，為北方民眾有力
之後援。儉日北京國民大會通過之三決議：

（一）即日在京組織國民委員會政府；

（二）此國民委員會政府之任務，對內保人民一切自
　　　由，對外國際平等召開國民會議；

（三）由國民會議組織國民政府。

中國國民黨完全擁護此決議，望努力奮進，務底
於成。

中國國民黨中央執行委員會齊

三六、組織部長譚平山提出：梧州市黨部候選人名單，
　　　請通過案。

決議：通過。計候選執行委員二十一人：

張雅先　黃日葵　龍啟炎　李天和　羅京璋

鍾　山　周公弼　宋　謙　蔡美利　粟　豐

甘立申　李貽孫　楊劍秋　何文炳　鍾　雲

周　濟　李省羣　黃紹雄　李血淚　葉光臺

潘紹奎

候選監察委員九人：

劉　崛　楊文炤　李昌郢　蘇　民　何　圯

李乃嫦　廖百芳　廖振新

三七、廣東全省除盜安民委員會起草委員會提出：廣東
　　　全省除盜安民委員會組織章程，請議決施行案。

決議：通過。

廣東全省除盜安民委員會組織章程

一、本會定名為廣東全省除盜安民委員會。

二、本會本人民與政府合作之宗旨，於最短期間籌畫妥
　　善方法，清除省內盜匪，同時發展人民經濟，以清
　　盜源。

三、本會地址暫設在吉祥路本會辦事處。

四、本會由下列各機關團體舉出代表組織之：

中央執行委員會代表一人，

政治委員會代表一人，

國民政府代表一人，

省政府代表一人，

軍事委員會代表一人，

省黨部代表一人，

省農民協會代表一人，

廣東總工會代表一人，

廣東工人代表會代表一人，

廣東省教育會代表一人，

廣東學生聯合會代表一人，

廣州特別市黨部代表一人，

廣州四商會各派代表一人，

廣東報界工會代表一人。

五、本會設常務委員五人，由黨部、政府、農會、工會、商會五種機關共同推定之，組織秘書處，秘書處組織法另行規定。

六、本會分設宣傳委員會、人民經濟委員會，稱為廣東除盜安民某委員會。

七、宣傳委員會擔任說明人民與政府合作，以實現除盜安民計畫。

八、人民經濟委員會擔任計畫發展人民經濟事宜，免使人民因經濟困難，流為盜匪。

九、各分委員會由本會推定會員組織之，其組織法另行規定。

十、本會每星期開常會一次，由秘書處召集之，如有特別事故得召集臨時會議，議決案以出席委員過半數通過行之。

十一、常務委員之權責：

  （1）掌理會務；

  （2）擬定本會一切進行計畫；

  （3）執行本會議決事項；

  （4）本委員會會議出席委員不過半數，由常務
    委員執行會務。

十二、常務委員會議每星期至少舉行二次，議決案以出
  席常務委員過半數通過行之。

十三、本會得指定各地方團體依照本會宗旨及辦法組織
  各地方分會。

附則

十四、本會章程如有未妥當，得全會會員三分二以上之
  同意，即行修改。

廣東省除盜安民委員會秘書處組織細則

第一條　本處由常務委員、秘書長、各科主任組織之。

第二條　本處於常務委員之下設秘書長一人，文書、
　　　　調查、會計三科，每科設主任一人，科員若
　　　　干人。

第三條　秘書長承常務委員之命，監督指揮本處一切
　　　　事務。

第四條　文書科設主任一人，科員若干人，承常務委
　　　　員及秘書長之命，管理左列各項事務：

　　　　一、草擬文稿

　　　　二、監察收發文件

　　　　三、編議事日程

四、編會議錄

五、編造全會成績報告

六、掌理電報

七、保存會內一切文件

八、辦理本會決議案件

九、保管印信

第五條　調查科設主任一人，科員若干人，承常務委員之命，管理左列各項事務：

一、調查地方經濟情形

二、審察人民對於政治之觀念

三、偵察盜匪聚集地點

第六條　會計科設主任一人，科員若干人，承常務委員及秘書長之命，管理左列各項事務：

一、發給員役薪水

二、保管存款

三、編造本會預算決算

第七條　本處一切庶務由會計科分股辦理，不另設一科。

第八條　凡本處所收文件，由收發員摘由登記，送常務委員批註，由秘書長分發文書科擬稿，經秘書長核改審定後，送常務委員簽名發佈。

第九條　調查科須每月月初將上月調查所得各種情形做一總報告，提交常務委員向執行委員會報告。

第十條　會計科須將收支狀況每月月底造報，提交常務委員向執行委員會報告，其關於庶務事項，採辦物品須以本處印條為憑。

第十一條　本細則有修改之必要時，由常務委員修
　　　　　改之。

第一百二十七次會議

十四年十二月十五日

到會者：毛澤東　林祖涵　鄧澤如　譚延闓　譚平山

主席：林祖涵

書記長：徐蘇中

報告事項

一、主席恭誦總理遺囑，全場起立

二、宣讀第一百二十六次會議紀錄。

三、江蘇省黨部報告：開聯席會議議決各事項及解決辦
　　法，請備案，並派朱季恂同志到粵面陳一切。

四、胡漢民同志電復：會議地點既經決議，當照原案執
　　行，已將感電轉達俄法德各支部。

莫斯科來電

中央執行委員會各同志鑒：

　　感電悉，會議地點既經決議，當然照原案執行，除
轉達俄法德黨支部外，敬復。

委員胡漢民支

討論事項

一、臨時浙江省黨部候補執行委員唐公憲呈：為舞弊
　　選舉，延不宣佈，請速查辦，並開除沈定一等黨
　　籍案。

決議：該省臨時省黨部選舉舞弊，前已決議解散，無庸
　　　再議；至沈定一等應否開除黨籍，俟交第二次

全國代表大會核議。

二、天聲日報總經理吳公輔、編輯魏天育函陳：被荷政
　　府驅逐出境，抵上海後復行北上之始末情形，請察
　　核案。
決議：交中央監察委員會。

三、廣州市商會主任董事陳銕香等呈請：嗣後華人在國
　　內與外人訂立契約，概以華文為標準，請照准施
　　行。並轉令照會各國領事通告各該國僑商，一體
　　遵辦。
決議：交國民政府。

四、組織部長譚平山提議：
　　（一）請派李天和同志為梧州市黨部監選委員；
　　（二）李天和既為監選委員，則一百廿六次會議所
　　　　　決定為該市黨部候選執行委員之資格，應
　　　　　即取消；
　　（三）補行指定黃紹雄同志為該市黨部候選執行委
　　　　　員案。
決議：通過。

五、政治委員會議決：關於查辦上海民國日報通電，請
　　追認案。
決議：追認。

查辦上海民國日報通電

上海民國日報，近為反動分子所盤據，議論荒謬，大悖黨義，已派員查辦。謹聞。

中國國民黨中央執行委員會寒

六、譚委員平山提議：上海執行部既因上海市區分部江蘇省黨部之控告，經本會決議交滬蘇事件審查委員會查辦，同時並以上海市出席第二次大會代表之複選事務，及上海特別市黨部之正式組織，概歸上海各區分部聯席會議辦理。上海執行部如不停止其職權，得行使上級黨部權力，妨害該聯席會議之進行，本會決議將不發生效力，擬請再查辦時間，停止該執行部職權案。

決議：通過。

七、組織部長譚平山提議：請派黃夢飛、周範文為辦理安徽省出席第二次全國代表大會代表選舉專員案。

決議：通過。

八、湖南政治研究會呈：請指派該會短期政治講習班理事七人，以便組織理事會，著手進行案。

決議：指派譚延闓、程潛、陳嘉祐、魯滌平、李富春、林祖涵、毛澤東、為短期政治講習班理事。

九、第一屆考取黨政人員代表關天人等呈：請依照原案分送各黨部及相當各行政機關分門任用案。

十、考取黨務行政正取人閔素願等呈：請履行考試黨政
　　原案，切實指派，以維黨信案。
決議：併案討論；決定正取諸生交廣東省政府錄用，備
　　取者請入本黨宣傳員養成所肄業。

十一、廣東省黨部函稱：該省黨部第二次全國代表大
　　　會代表複選期，請准展緩一星期案。
決議：照准；但報到須在大會開會前。

十二、湖南省黨部常務委員夏曦、王荃永、蕭述凡等請
　　　改組上海民國日報，並裁制林森等。
決議：交第二次全國代表大會。

十三、國民革命軍第二軍特別黨部請開除林森、鄒魯等
　　　黨籍案。
決議：交第二次全國代表大會。

十四、廣州市組織委員會報告：第二十次常務會議議決
　　　各案，錄呈備案。
決議：
　　（一）黃冉應否開除黨籍，須交中央監察委員會
　　　　　審查。
　　（二）各區黨部補助費每月二十元，自十二月起
　　　　　由中央特別項下支撥；餘如原函備案。

第一百二十八次會議

十四年十二月十八日

中央執行委員、監察委員、各部部長聯席會議

到會者：譚平山　林祖涵　鄧澤如　詹菊似　陳公博
　　　　何香凝　毛澤東

主席：譚平山
書記長：徐蘇中

報告事項

一、主席恭誦總理遺囑，全場起立

二、宣讀第一百二十七次會議紀錄。

三、政治委員會秘書處函復：沙井劣紳土豪破壞罷工各
　　節，經飭農工廳派員協同虎門要塞司令併案查辦。

四、北京執行部報告：林森等在北京西山召集會議情形。

五、中央監察委員會函復：審查陸軍軍官學校十三年
　　十二月份經常費報銷冊據，諸多錯誤，礙難核銷。

六、汕頭市黨部報告：該市黨部會議紀事錄。

七、江蘇省黨部報告：該黨部已正式成立，並推定各部
　　職員，請備案。

八、湖南省黨部執行委員劉偉報告：湘省黨務暨政治
　　近況。

討論事項

一、永嘉縣區分部聯合會報告：該縣黨部常務委員王超
　　凡叛黨，經議決宣告該縣黨部停止職權，另組各區
　　分部聯合會維持黨務案。

決議：交浙江省各市縣黨部聯席會議。

二、虎門要塞特別黨部呈報：籌措蜆捐及沙井蠔商報效
　　費，為該黨部經費情形，請備案。

決議：如此種捐款認為於人民無害，亦應由虎門要塞司
　　　　令部商由廣東財政廳委託該司令部抽收，撥充
　　　　該黨部經費，該黨部不得直接舉辦。

三、婦女部長何香凝請電促孫夫人早日到粵，擔任婦女
　　部長職務案。

決議：照辦。

四、中央監察委員會函復：審查番禺縣南溪鄉民梁祖盛
　　等控告羅幹卿等借黨索詐，架題捏陷一案情形，並
　　擬廣州市黨部提出辦法執行，請公決案。

決議：准如所擬辦理。

中央監察委員會函

逕復者：

　　案准貴會移來番禺縣南溪鄉鄉民梁祖盛等，控告羅
幹卿等借黨索詐，架題捏陷，懇予澈查，以免民眾受苦
等情；轉請審查見復等由，附原呈一件。准此，查閱原
呈，據稱奉廣州特別市黨部函公安局飭區查傳究辦，

及訊據該鄉民到案供稱，曾奉番禺縣委派楊其剛到查等
語。當經本會分函廣州特別市黨部、公安局、番禺縣署
提取本案文件到會，及迭次函傳該鄉民到案訊悉情形，
分別審查完竣，其事實如下：

（1）原具呈人姓名：原具呈人梁祖盛、梁爵耀、梁錦
永、梁新班、李瑞志等五人，均係該鄉民先祖姓
名，該鄉因鹽務或他事須向官廳請求者，均署祖
名，並由該房內人負責（見公安局覆函及梁森泉
供詞）。

（2）原呈控羅、李、陳等勒收黨費一節：原告人控告
羅幹卿、李賢、陳和等勒令該鄉人繳入黨費一
元二毫五仙，月費二毫（見原呈）。據公安局飭
區查明羅、李、陳等於十三年一月介紹四十一人
在廣東支部入黨，每年繳常年費一元，衿章費二
毫，均給回支部收據及衿章（見公安局函）。又
據該鄉民到案供稱並無收條字據（見十一月十日
供詞），即是否勒收黨費，既無從證實，亦未便
故入人罪。

（3）原呈控羅、李、陳等勒令鄉民籌資修復舊牆一
節：該區分部後牆倒塌後，據番禺縣派員查覆，
謂羅、李、陳等初催促鄉人籌資建回，繼則見其
延未舉行，當時情急，不無威嚇舉動等語（見番
禺縣署函）。公安局飭區查明謂羅、李、陳等曾
召集該鄉人到部會議，欲將舊磚變賣，暫購舊板
圍築，鄉人恐向伊等籌款，多不赴會等語（見公
安局函）。羅、李、陳等既因牆塌而召集鄉人會

議,無論如何,羅、李、陳等總有向該鄉人籌款之成議,因黨務而向黨外人籌款,致該鄉人誤會發生糾紛,羅、李、陳等此種處置,殊屬不合。惟據該鄉人到案供稱七月十五日令三日內繳四百元,只係口頭說過等語(見十一月十日供詞),則羅、李、陳等尚無強迫勒繳之行為,自不致受重大之處分。

(4)原呈控羅、李、陳等將部內傢私什物私行搬去一節:據公安局飭區查明,謂羅、李、陳等將椅桌數張借與第四區第三十二區分部開幕,暫用數日歸還等語。又據該鄉民到案供稱此項傢私什物現已搬回等語,則羅、李、陳等委係將傢私借與別區分部暫用,並非私行搬去,係屬實情。

(5)原呈控羅、李、陳等反捏鄉人擅將部內傢私什物搗毀一節:據公安局查覆,謂該鄉人疑李賢等藉後牆倒塌將伊等所置傢私搬去,尤恐藉此將該廟拆卸,因此發生誤會,其無知之徒,遂將遺下未搬之椅桌數張毀爛,以洩私憤等語(見公安局函)。查該部後牆倒塌後,該部內又無職員住宿看管,則所置傢私難保無不良份子乘機盜竊或埋壞,羅、李、陳等不設法妥為保管致被毀爛,亦應負失職之咎。觀於該鄉人事前之籌資購置傢私,事後亦無仇黨舉動(見番禺縣署函),即此舉敢信非出自該鄉人公意。羅、李、陳等既未能將犯人姓名查明指攻,而混指該鄉為反革命(見廣州特別市黨部函附件一),似屬小題大做。

觀上陳述，則本案雙方均有誤會，其所持理由，亦屬不實不盡。茲特照廣州特別市黨部所擬解決辦法二條，本會並附加意見列左：

（1）黨部與民眾不宜多滋誤會，應由公安局按照實情，妥予和平調處，勸令南溪鄉人將所毀爛椅桌，從速修復或重置，即予了結。

　　　按：此如向該鄉人勸捐，亦不得有迫勒行為，以免再生誤會，並應同時向該區分部黨員捐資。

（2）勸告第四區四區分部廣事宣傳，力求鄉民了解，毋令致疑而妨黨務。

　　　按：此亦屬急務，第該區分部如果係本年舊曆四月成立，照章亦已滿期，應由市黨部派員改組。

　　以上辦法尚屬平允，似應准予執行，以息糾紛。准函前由，相應將審查結果連同本案文件，函覆貴會，希即提出公決，並答示原告人知照。

此致中央執行委員會

計附原呈一件、公函二件、供詞一紙

　　　　　　　　　　　　　　　　中央監察委員會

南溪鄉梁祖盛等上訴羅幹卿勒所一案

　　　　　　　　　　　　　　　十一月傳訊供辭

就訊者：梁祖盛　梁爵耀　梁錦永　梁新班　李瑞志
　　　　馮　金　梁心泉（皆非黨員）

一　向居南溪鄉，於夏曆四月二十日成立第四區四區分部，係由該錄事羅幹卿等提議，經鄉民等贊助籌得五十餘元開辦，設在鄉內洪聖廟。

陳羅等忽謂鄉內每人應繳黨費一元六毫五仙，因只有十三、四人加入黨籍，但只有黨證中之印花，其餘均無收條字樣。

惟該黨部並無人主持，又無開會及各種紀錄

一　七月十五日牆毀，勒於三日內繳四百元修復（口頭說），將部內什物自行搬去，現又搬回。

一　八月四號黨部布告後，由公安局傳訊飭十二區一分署查復，現在每日由李賢帶領裝船工會籌備處工人十餘人到鄉挑撥，藉圖生事。

一　案經九月初二日番禺縣派委副中隊長楊其剛到查。十四年十二月十一日梁祖盛、梁爵耀因事未到，派梁森泉到案供詞。

一　梁祖盛、梁爵耀、梁錦永、梁新班、李瑞志均係前人姓名，鄉中有事則由該房子孫到案，現時到案人梁森泉係梁錦永房內人。

五、農民部函送該部特派員議決案請察核案。

決議：

（1）照原案通過。訓令本黨黨員，忠實執行本黨對農民政策的決議，嚴申黨的紀律，並請政府發表第三次對農民運動宣言。該項訓令及宣言，即著農民部起草，呈候分別轉發。

（2）刊行農民半月刊，經費由農民特別費項下開支。

（3）各特派員自有手鎗者，由本會代領鎗照，無者俟本會領有鎗枝時再發。

（4）准於廣東省農民協會內附設特派員寄宿舍一

所，此事即交農民部照辦。

（5）自本月起，特派員薪金均按月發給，至以前
積欠，著農民部酌量清發。

（6）准如所請，著農民部發給各特派員長期舟車
免費證摺。

六、王京岐家屬報告：王已於十月十九日身故，請搜輯
其軼事，附名黨史案。

決議：委託陳齊同志搜輯王京岐同志軼事及遺像；呈由
本會通告內外各級黨部，並著王同志原籍縣黨
部安慰其家屬。

七、惠州八屬黨務組織員徐天深、蕭鵬魂報告：

（1）黨務進行，

（2）學生運動，

（3）農民運動，

（4）工人運動，

（5）婦女運動，

（6）商民運動，

（7）政治狀況，

（8）社會情形；

請討論案。

決議：關於財政方面之報告，摘要函交東征軍總指揮
部查辦，並通知財政部；其餘各報告，統交政
治訓練部查照。

八、中華全國總工會等團體函：請本會領袖各公團，定
　　期召集廣州市民反段示威運動大會案。

決議：照辦。定本日下午四時，召集廣州特別市黨部、
　　　廣東省黨部及該函所列各公團，在各界統一大
　　　會開籌備會，本星期日正午十二時，在較場開
　　　反段示威運動大會。

九、粵軍特別黨部第七區分部執行委員蘇練、陳應麟、
　　聶國青等呈稱：該區黨部正待改組，而大會會期已
　　迫，初選似難依法辦理，可請依照去年全國代表
　　大會辦法，准由該區分部所屬第四軍長指派出席代
　　表，抑由該區分部負責辦理初選事務，統候指令祗
　　遵案。

決議：委託第四軍政治部辦理初選事務，初選辦完之
　　　後，由本會直接辦理複選事務。

十、廣大特別黨部請解決該黨部出席第二次大會代表問
　　題示復案。

決議：該黨部原選之代表鄒魯、梁龍既不能出席，應
　　　照章由候補人遞補，如候補人不足，再行開會
　　　補選。

十一、漢口特別市黨部請將欠撥之開辦費，及每月常費
　　　轉催財政部從速照寄，並寄下黨證案。

決議：十二月份經費即匯寄，餘緩設法；黨證著組織部
　　　速寄。

十二、廣西省黨部籌備員陳立亞報告：該省黨務籌備
　　　情形，並稱已定期十五年一月一日開正式成立
　　　大會，請中央派員指導案。

決議：電令該省黨部籌備處正式省黨部成立大會，因適
　　　值第二次大會開會之期，本會不能派員參加，
　　　須展期一個月。

十三、江蘇省黨部報告：監察委員會已成立，並互選
　　　高爾松為書記，請備案。

決議：准予備案；但高爾松既係互選，應改稱為常務委
　　　員，以符定章。

十四、江蘇省黨部函詢本會議錄中之四點，請迅速分
　　　別核辦案。

決議：由秘書處查卷答覆，並告以：上海執行部已電令
　　　停止職權。

十五、江蘇省黨部否認：南京非法臨時省黨部解散南京
　　　各黨部，開除范永雪等黨籍；並懇撤消，令上海
　　　執行部查辦案。

決議：

　（1）南京之非法臨時省黨部當然取銷，並告以前
　　　　次決議，由該省黨部改組南京市黨部。

　（2）范永雪等應否開除黨籍，須交中央監察委員
　　　　會審查。

（３）上海執行部已停止職權，查辦令當然廢止
效力。

十六、江蘇省黨部函：請解散上海民國日報，並派員改
組案。

決議：交宣傳部併案審查。

十七、浙江寧波市黨部函二件：

（一）請派員查辦上海民國日報；

（二）要求浙江省正式省黨部未成立以前，該部
直隸本會，如有訓令通告，直寄該部案。

決議：

（一）交宣傳部併案審查；

（二）訓令通告直寄，並告以該省臨時省黨部已
解散，另由該省各市縣黨部聯席會議代行
省黨部職權，該市黨部，應歸其管轄。

十八、江蘇吳江縣黨部電四件：

（一）否認北京非法會議；

（二）請迅速解決南京市黨部案；

（三）請速派員改組上海執行部；

（四）請改組上海民國日報。

決議：

（一）交第二次大會；

（二）已令江蘇省黨部辦改組該市黨部事務；

（三）上海執行部已停止職權；

（四）俟宣傳部審查具復後再定辦法。

十九、江蘇省黨部請將上海執行部各執行委員一律停止
　　　職權，部務暫交惲代英等三人維持，俟第二次執
　　　行委員選出再派員改組案。

決議：上海執行部已停止職權，所請應毋庸議。

二十、上海市第六、第九、第三各區黨部等函請：
　　　（一）查辦林森、鄒魯等；
　　　（二）解散上海執行部；
　　　（三）改組上海民國日報；
　　　（四）派員來滬主辦第二次大會代表複選事務；
　　　（五）發給上海各區黨部辦公費。

決議：
　　　（一）鄒魯等候交第二次大會查辦；
　　　（二）上海執行部已停止職權；
　　　（三）上海民國日報俟宣傳部審查具復後再定
　　　　　　辦法；
　　　（四）告以上次決議由上海市各區黨部聯席會議
　　　　　　辦理第二次大會代表複選事務；
　　　（五）即發一千元交朱季恂同志帶去，分發該市
　　　　　　各區黨部為宣傳、組織及正式成立上海市
　　　　　　黨部之經費，但不得發給贊成西山會議之
　　　　　　區黨部。

二一、宣傳部提議：

    （一）擴張圖書宣傳；

    （二）創辦圖書館搜集材料；

    （三）反段示威大運動，應用本會名義散發一
           種傳單案。

決議：（一）、（二）兩件均認為應辦之事，但經費須
      交政治委員會通盤籌畫；至反段傳單，即由該
      部起草。

第一百二十九次會議

十四年十二月二十五日

中央執行委員、監察委員、各部部長聯席會議

到會者：譚平山　林祖涵　汪精衛　何香凝　鄧澤如
　　　　陳公博　詹菊似　毛澤東

主席：譚平山
書記長：徐蘇中

報告事項

一、主席恭誦總理遺囑，全場起立

二、宣讀第一百廿八次會議紀錄。

三、陝西臨時省黨部報告：三個月以來工作情形。

臨時陝西省黨部報告第一號

中央執行委員會：

　　臨時陝西省黨部成立前已呈報，茲將近三個月以來工作情形略述如下：

（一）對外活動情形：

　　1. 引導九七、九九群眾運動：九月第一週為反帝國主義運動週（紀念八國聯軍之役），前四日由屬部與學聯協同招集，此次運動純由我們同志引導，該日到會並參加的約四千餘人，除屬部傳單三種外，尚有學聯雪恥會及各種青年團體發傳單共十九種。在這次運動工人參加約六百餘人，因受我們同志之宣

傳與引導推翻了紳士流氓所組織之陝西省工會，而組織西安總工會，現在西安總工會指導之下的工人約三千餘人。

2. 引導雙十節紀念會：此會亦為屬部及在屬部指導之下的各團體，如工會、學聯、各青年團體協同商會所發起。是日除講演外，尚遊行約四小時之久，到會並參加者約四千餘人，發散傳單共二十餘種。

3. 引導反對滬案秘密解決大遊行：此次運動西安市同志全體動員，事前籌備約一禮拜，該日參加遊行者約三萬餘人，除六千餘學生外，尚有商人約萬人，工人約三千餘人，鄉村農民之來參加者亦不下數千人，此外如兵士及市民之參加者亦殊不少。西安群眾運動，首推此舉。是日除三十餘種傳單外，尚有刺激畫十九種，口號帖子十餘種，此次運動全由吾黨同志指導，青天白日旗幟群眾擁護前豎。此日情形十二分的表現出一般的革命精神，尤其是工農群眾，並因同志之宣傳，一提吾黨名義及其主張，必得群眾之擁護。

4. 引導反奉運動：現在成立之一反奉運動協進會，係由屬部及指導各團體及商會等共同組織。現在組織政治宣傳隊二十三隊，在西安市及省城附近宣傳，不久擬奉行一大示威運動。

5. 參加平民教育：本省青年會及西安市諸紳發起平民教育協進會，屬部認為此是向一般平民宣傳並訓練平民之一好機會，所以指定同志參加。現在已成立二十個平民學校，教師純係吾黨同志，董事等職除

一、二同志外皆屬他人，教材由吾黨決定指揮同志
去教。

6. 學生運動：陝西各地學生會及全陝學生聯合總會，
皆在屬部與各縣黨部指揮之下作各種活動。

7. 工人運動：西安總工會及各業工會，亦皆在屬部指
導之下努力作各種活動。

8. 農民運動：在臨時華縣縣黨部指導之下的有農民協
會十二個，內部組織十分可觀。

9. 青年運動：在屬部指導之下的青年團體，有青年生
活社（約二百人），澄城青年社（約七千餘人），
渭南青年社（約五十餘人），渭北青年社（約百餘
人），涇陽青年奮鬥社（約三十人）。

（二）內部組織情形：

1. 西安市：西安市黨員共有三百二十六名，按區域分
作三個區黨部，十五個區分部（每區屬五個區分
部），已於十一月二十九日開第一次全體大會，成
立西安市黨部。茲將其決議案及組織法先行呈上，
至於各種表冊待之五日內整理完竣，即刻呈上。

2. 榆林縣：黨員一百五十二名，按區域分為三個區黨
部，十六個區分部，已於十一月十二日成立縣黨
部，各向表冊俟數日內寄上即呈上。

3. 綏德縣：黨員一百六十名，分為三個區黨部，十五
個區分部，已於十一月十七日成立縣黨部，各項表
冊數日內寄來即刻呈上。

4. 三原縣：黨員二百二十名，分為三個區黨部，十七
個區分部，已於十一月二十日成立縣黨部，各項表

冊俟寄來即行呈上。

5. 此外華縣臨時縣黨部已成立多日，人數已超過百名，據報告在兩星期內可成立縣黨部。至於宜君、洛川、鄠縣、鳳翔中部、葭縣已著手進行，有成立一個區黨部者，有成立一、二區分部者，不一，俟以後再詳作報告。

（三）黨員訓練情形：此間同志尚能照章開會，內容大略如下：

（1）讀遺囑。

（2）報告：甲、上級機關報告。

乙、本機關報告。

丙、同人工作報告。

（3）提議事件。

（4）討論問題（各主義之研究、實際問題之討論）。

（5）批評：

甲、同志互相批評。

乙、對本機關批評。

丙、對上級機關批評。

丁、對於黨務之批評。

（6）審查開會記錄。

此外在十、十一、十二，三月指定書籍如《三民主義》、《建國方略》、《代表大會宣言》、《孫中山先生十講》、《國民黨講演集》第一、二集，各黨員受訓情形，十分可觀。

　　以上為此間工作情形，此外尚有數事要詢問中央執行委員會，還有許多物件要懇求發給的。

（一）臨時省黨部以五個月為限，屬部現已成立三月，成立者有三個縣黨部、一個市黨部（相當縣黨部），將成立者（在兩星期內即可成立）有一個縣黨部，究竟正式省黨部應於何時成立，成立時中央是否派人前來監督，更有何種工作（技術方面）否，請從速示知。

（二）閱報載，知第二次代表大會業已改期，究竟改至何時，屬部是否應派人出席，並派人若干，此人如何產出等事，請從速示知。

（三）此間現在純用登記證，照章應即發給黨證，請速即寄來黨證五十份。

（四）此間為經濟所迫，不能印多數宣傳品，請從速將中央宣傳部所有宣傳品寄來若干份，並請將第一次代表大會及每次中央全體會議決議案與關於黨務書籍刊物寄來數份。

（五）此間各地農民運動，就各種客觀條件觀之，實有發展的絕大可能，奈屬部為財力所限，以致無法去做。再此次反奉戰爭運動及外交代表團事，亦為財力限制，以致不能擴大。此間以前用費，係由外界捐洋及同志捐款，但為數無幾，以致近來十分困難，祈中央執行委員會按中央財政情形，發給工作費若干。再中央對省黨部工作費是否有所規定，即希示知，並請將黨印花寄來一萬角，以便徵收黨費。

（六）各級黨部圖記之大小尺寸，請即示知。

就此呈報，並祝努力。

臨時陝西省執行委員會

通信處西安南四府街三十五號

四、特派四川省黨部籌備員吳玉章報告：組織四川省黨
　　部經過情形。

四川省黨部籌備原吳玉章報告組織四川省黨部經過情形

　　玉章於本年七月四日奉大會命赴川省組織黨部，遵
於本年八月十五日行抵重慶，翌日即由朱叔痴同志邀赴
重慶市黨部成立大會。據朱同志等聲稱，曾奉本黨四川
執行部命令組織四川省黨部，玉章心竊疑之。蓋四川
執行部既未正式成立，何能發此命令？然朱同志等於最
短期間能成立該市黨部，足見熱心，亦遂欣然前往，樂
觀厥成。十八日朱同志等召集職員為玉章開歡迎會，並
謂中央既派籌備員來，我等願共同合作。玉章謂既奉中
央黨部命來組織省黨部，只知照總章及決議案進行，遂
商定於十九日開改組臨時省執行委員會。翌日開會，玉
章查閱所謂四川執行部派籌備員公函，署名者為中國國
民黨中央執行委員會四川執行部執行委員熊克武、石青
陽兩人，石青陽蓋有私章，熊克武則未蓋章。所派籌備
員為黃復生、朱叔痴、陶闓士、謝百城、鄧懋修、唐德
安、王子騫、郭雲樓、陳炳光等九人，與中央執行委員
會第三次會議決議案籌備員定為一人至二人者亦復不
合。且以謝百城、陳炳光不到，又以張良辟、謝寶珊代

理之，王子騫不到，則未覓人代理。朱同志且限定，凡
組織一區分部，必須有舊黨員數人。至於學生工人，則
只許其成立黨團，不得成立區分部。因此志氣豪邁、舊
發有為之青年皆不得入黨，而所收黨員多係官僚腐朽之
輩或思想錮蔽之徒，即或智識新穎者多係舊黨員，或由
外歸來之黨員，彼無法屏去者也，似此黨務何能發達？
故當日玉章主張執行委員及常務委員雖可仍舊，而組織
部事務必由玉章辦理，以求與本黨精神及總章決議不至
違背，結果眾推玉章及黃復生、朱叔痴、陶闓士、鄧懋
修、唐德安、郭雲樓、張良辟、謝寶山等九人為臨時省
執行委員，由玉章紹介於中央執行委員會及上海執行
部，請為指定鄧懋修、黃復生、張良辟三人仍為常務委
員，分任秘書、會務、財務各職，朱叔痴辭組織長，由
玉章繼任。此當日改組情形，曾於八月廿四日函報大會
想邀鑒察。玉章自接辦組織部後亟謀刷新，然重慶因先
有成立之市黨部，多方扼制，不能發展。對學生只得由
組織部特許於學校內設立特別區分部以救濟之。至工人
則為彼輩所深忌，無論如何不許其多加入本黨，此則頗
為餘恨者也。差幸得由組織部選派得力同志於成都及各
縣極力籌備進行，頗收效果。截至十月二十日止，成都
市成立一百一十二個區分部，榮縣因接近自流井，籌備
員亦甚得力，計成立六十二個區分部，黨員多至五千餘
人，其餘安岳縣二十七個區分部，內江縣三十五個區分
部，綦江縣三十個區分部，酆都縣三十五個區分部，江
北縣二十一個二十一個區分部，潼南縣十八個區分部，
江津縣十個區分部，巴縣十三個區分部，瀘縣十個區分

部，敘府十個區分部，岳池縣一個區分部，保寧一個區分部，隆昌縣一個區分部，合重慶市四十八個區分部及七個特別區分部，共計四百四十一個區分部，黨員共八千餘人。其餘正在組織中，尚未報來者尤有若干縣，至於臨時省執行委員陶闓士，始終未曾就職。朱叔痴於九月初即再三辭職，繼以書面表示後，即永不出席，且云將赴北京就某職。郭雲樓、謝寶珊、張良辟均為省議員。因劉湘及各將領赴成都開會，彼等擬請求開省議會，遂前後赴成都，唐德安亦因事赴成都。第二次全國代表大會選舉結果，玉章及黃復生、鄧懋修均當選為代表，即當離渝，以致此後省黨部竟無一執行委員。故玉章等未離渝以前，即開會通過省縣代表大會組織大綱及其選舉法，分發各市縣，促其可成立正式市縣黨部之市縣，限於一個月以內成立正式市縣黨部，並從速選舉全省代表大會代表，俟中央黨部指定地點定期召集全省代表大會時，即成立正式省黨部。蓋如此則各市縣黨務不至停頓，而正式省黨部又可依期成立，雖無執行委員，於黨事無妨也。同時又通過一決議案，通告各級黨部略謂本省臨時執行委員，或因事離渝，或堅決辭職，茲吳玉章、黃復生、鄧懋修，三委員又當選為第二次全國代表大會代表，即當赴粵，以致省黨部無一執行委員。現既負責無人，除例行公事仍由秘書處照舊處理外，其重大事件暫行保留，俟負責有人時再繼續進行云云。故現在四川省黨部只有秘書處之文書幹事負責處辦例行公事而已，此全省黨務之大概情形也。至第二次全國代表大會代表之選舉，因只知大會第一次改期定於十一月十五

日開會，全省選舉事務須於十一月一日以前辦理完竣，
各縣黨務進行九月方才著手，為期過促。黨證雖曾由玉
章在上海執行部領回貳千五百份，不敷尚鉅，且交通不
便郵寄需時，故由臨時省執行委員會議決照選舉法第四
條乙項例外之規定：凡黨員於該區分部有黨籍冊可稽
者，皆得為初選選舉人。又以川省遼闊，時局不寧，召
集初選代表來渝複選，頗非易事，故又決議照選舉法第
七條之規定，採用通信選舉法，複選法係由中央製定、
上海執行部蓋印發去者，限於十月三十日以前將複選票
寄到省黨部，逾限者無效。選舉結果，玉章得八十三
票，楊闇公得五十三票，鄧懋修得四十七票，童庸生得
四十三票，黃復生得四十二票，廖划平得四十二票，谷
武和得二十九票，劉浦生得十九票，其餘得票少者從
略。川省黨員在七千五百人以上，照選舉法應選出代表
七人，故玉章與楊、鄧、童、黃、廖、谷七人當選為代
表，此選舉經過之大概情形也。至於經費，則最初朱同
志等於呂漢羣、袁鼎卿、賴德祥、王天培等處募得捐款
千餘元，玉章到渝後已無餘款，即朱同志等續收得之捐
款，亦只供重慶市黨部之用。而省黨部則困苦萬狀，故
各縣應用之款，只得由玉章借墊，職員則枵腹從公，頗
賴多數同志熱心憤發，故經費雖異常拮据，精神卻非常
煥發。此後黨務必須中央有一定之補助方能順利進行，
此經費之大概情形也。至於宣傳方面，既無款發行刊物
及翻印書籍，而印刷物又輸入不多，常有供不應求之
嘆。一般青年求學之心甚切，且富有革命思想，無如學
校固異常腐敗，報章更荒謬絕倫，即所謂本黨機月受津

貼之合力週報，亦時時將北京同志俱樂部、民治主義同
志會攻擊本黨之言論特為登載，醒獅派之國家主義亦力
為鼓吹，其反動為如何耶。玉章與三數同志深慨乎此，
以為非辦一機關報，辦一學校以指導輿論、訓練青年，
則黨勢無由發展，故決計於重慶城外辦一學校，名曰中
法大學四川分校，先辦高、初兩級中學校，本年招收
高、初兩級學生各一班，共一百二十餘人，已於九月
二十日開學，由玉章擔任校長，各教職員均係極好同
志，學生志趣亦佳，雖開學僅月餘，而聲勢則轟動內
外，遠道來入校者絡繹不絕，校舍竟不能容，可見川人
欲得新知之情有如饑渴。惜經費不充，未能如意擴張
耳。學生既如此，趨附軍閥官僚濫紳學究遂異常嫉視，
不曰赤化總機關，即曰革命策源地，衛戍司令部王陵基
竟欲藉故封閉學校、逮捕玉章等，以無證據不敢下手。
現留渝同志尚努力從事教育，惟經費則望本黨有以助
之。再發行刊物事不可緩，亦望中央月助若干，使能為
有力之宣傳，則有裨於本黨前途甚大。所有玉章奉命四
川籌備四川省黨部經過情形，謹撮要臚陳如右，敬祈鑒
察。此上
中央執行委員會

特派四川省黨部籌備員吳玉章
十四、十一、二九

同次會議　討論事項十七　第二次代表大會會議規則
第卅六條　項目後脫漏數句
　　　　　……如代表仍認為有疑義，提起異議得

五、廣州市組織委員會報告：辦理改選及解散十一區執
　　行委員會經過情形。

六、浙江各市縣黨部聯席會議報告會議經過情形。

七、北京執行部電告：丁惟汾等及在京代表十餘人動身
　　來粵，直魯東三省代表直接來粵。

八、四川省黨部代表吳玉章等函報：創辦川省中法大學
　　四川分校及報館，以培養革命人才案。

討論事項

一、廣東省農民協會函：請查辦第五軍新編營長何柱摧
　　殘農會案。

決議：復函；何柱係冒充營長，已函第五軍拿辦。

二、廣州特別市黨部報告：推選唐允恭、李勵莊、譚
　　竹山女同志三人，請指定一人為出席第二次大會
　　代表。

決議：指定唐允恭。

三、第二次大會代表資格審查委員會報告：審查浙江寧
　　波、定海、象山、嘉興、杭縣等市縣黨部控告該省
　　臨時省黨部選舉舞弊一案結果，應以宣中華當選，
　　已電告該省各市縣黨部聯席會議，請追認案。

決議：追認。

四、第二次大會代表資格審查委員會報告：審查安南支
　　部推選劉侯武同志為出席第二次大會代表一案，以

違反海外代表選舉法第八條之規定，未便照准案。

決議：通過。

五、第二次大會代表資格審查委員會報告：審查張維善
　　代表資格一案，以砂勝越尚無成立黨部之報告，又
　　無該黨部之證書，張同志應毋庸出席大會案。

決議：通過。

六、第二次大會代表資格審查委員會報告：審查國民政
　　府特別黨部選舉劉詠闓、劉鉞為第二次大會代表一
　　案，依據本會一百廿三次會議之決議：軍隊特別黨
　　部以外之特別黨部未足五百人者，選舉代表時應與
　　他黨部合併選舉；現該黨部僅有五百餘人，只能選
　　舉代表一人，應只准首名劉詠闓出席大會案。

決議：通過。

七、粵漢路特別黨部執行委員會報告：選出楊章甫、
　　陳子英、陸枝、孫德珍為代表，並可否得派代表四
　　人案。

決議：交代表資格審查委員會。

八、廣州市組織委員會報告：第十一區卸職執行委員凌
　　伯燦對於陳古廉有意逞兇，請依法懲戒案。

決議：交監察委員會併案審查。

九、梧州市黨部改組委員會函稱：不願與組織不合法且

　　黨員無黨證之黨部合作，請准單獨辦理代表選舉事
　　務案。

決議：緩議。

十、江蘇省黨部常務委員朱季恂函稱：因黨員增加，請
　　准於前次呈報選出之四人外，加選代表一人，但大
　　會期近，趕選不及，懇特予通融，即於該黨部所薦
　　姜長林、楊譜笙、張曙時三同志中指定一人為出席
　　大會代表案。

決議：違反選舉法，不能通融。

十一、戴傳賢同志電：請開除一切政務黨務各職，並
　　　附宣言案。

決議：覆電挽留，並請其來粵。

十二、國民革命軍第二團團黨部銑電：請開除鄒魯、
　　　林森等黨籍案。

決議：交第二次全國代表大會。

十三、國民革命軍第二團團黨部電：請處決熊克武及
　　　廖案被捕諸人案。

決議：熊克武案俟下次討論，廖案被捕各犯，交廖案
　　　審判委員會。

十四、黨員陳孚木、何冀函：請停止第四區黨部選出
　　　代表譚劍秋職權，並查辦該區黨部執行委員選

舉舞弊案。

決議：交廣州特別市黨部查覆。

十五、第二次大會秘書長吳玉章呈請派隊警衛以資鎮懾案。

決議：交汪黨代表酌辦。

十六、四川省黨部代表吳玉章等報告，朱叔癡等借開省市黨部聯席會議，勒將該省黨部遷移成都，不遵決議，違反紀律，擬請停止該省臨時省黨部職權，聽候查辦案。

決議：照辦。

十七、第二次大會祕書長吳玉章擬定大會會議規則及修正草案，請審核案。

決議：修改通過。

中國國民黨第二次全國代表大會會議規則

第一章　主席團

　第一條　本會主席以主席團擔任之，主席團由中央執行委員會提出若干人，經大會通過組織之。

第二章　秘書處

　第二條　本會設一秘書處，其組織規則另定之。

第三章　委員會

　第三條　本會設各種委員會，其組織法另定之。

第四章　開會散會及延會

　第四條　本會逐日會議二次，上午由十時至十二時，

下午由二時至五時。

第五條　本會會議，須有過半數代表之出席。

第六條　屆開會時，而代表出席不滿過半數時，主席
　　　　得延長之；但延長二次，仍不滿過半數時，
　　　　即宣告延會。

第七條　議事日程所載之議題，議畢後，主席宣告
　　　　散會。

第八條　已屆散會時間，議事未畢，主席得依大會
　　　　議決，延長時間；主席未宣告開議以前，
　　　　或宣告散會及延會之後，無論何人，不得
　　　　就議事發言。

第五章　議事日程

第九條　議事日程，由秘書處擬呈主席團核定之。

第十條　本會應議事件及開議日期，須載於議事日
　　　　程，由秘書處先期印刷通知。

第十一條　議事日程之次序如左：

　　　甲　中央執行委員會及其各部或各地執行部
　　　　　提出之案

　　　乙　各省黨部、各特別區黨部、各特別市黨
　　　　　部、各特別黨部提出之案；

　　　丙　海外黨部提出之案；

　　　丁　各代表提出或介紹提出之案。

第十二條　遇有緊要事件未載議事日程，或已載議事日
　　　　程，而順序在後必須速議者，得由主席提
　　　　出或代表動議議決變更之。

第六章　議事

第一節　提議及動議

第十三條　代表提議各項事件，應具案附以理由，有五人以上之連署，始得提出大會。

第十四條　一切提案須經委員會審查。

第十五條　議事標題朗讀後，提議者得說明其旨趣，代表對於議案有疑義時，得請提議者說明之。

第十六條　會議時代表提出臨時動議，須有十人以上之附議，始成議題。

第十七條　代表對於議案提起修正者，須具案說明理由，有五人以上之連署，始能提出。

第十八條　會議時臨時提起修正者，須書明所修正之文字，並說明理由，有五人以上之附議，始得成立。

第二節　討論

第十九條　開會時對於議事日程所載之議題，欲發言者，須於會議開始前，在發言條上，將其席次並將贊成反對之意，書明通告秘書長。

第二十條　秘書長依前條通告之次序，記載於發言表，報告主席，主席依表中次序指令反對及贊成兩方，相間發言。

第二一條　未通告發言之代表，須俟已通告之代表全數發言畢，始得發言，但已通告之甲方代表雖發言未畢，而乙方之代表發言既畢時，則未通告之乙方代表，得請求發言。

第二二條　未通告而請發言者，須起立呼主席並報告席

次，待主席許可，始得發言。

第二三條　二人以上請發言時，主席認先起立者，令先發言，其同時起立者，則其發言時之次序，由主席定之。

第二四條　提案說明者，每人發言不得逾三十分鐘，討論者每人發言不得逾十五分鐘。

第二五條　凡發言須登演壇，但簡單發言及經主席許可者，不在此限。

第二六條　無論何時，主席得令在席發言之代表登演壇。

第二七條　討論不得出議題之外。

第二八條　代表於同一議題發言不得過二次，但質疑應答或喚起注意，不在此限。

第二九條　有左列情形之一者，得發言數次：
　　　　　甲　委員長或報告者為辨明其報告之旨趣；
　　　　　乙　提議者或動議者為辨明其提議或動議之旨趣；
　　　　　丙　凡被議應行懲戒之代表為辨明其事。

第三十條　會議時不得朗讀意見書，但為引證及報告應朗讀者，不在此限。

第三一條　討論終結，由主席宣告之。

第三二條　發言雖未畢，代表提起討論終止之動議，有十人以上之附議時，得不付討論即決之。

第三三條　凡討論終止之動議，須贊成反對兩方各有二人以上發言後，始得提起；但一方有二人以上發言，而他方無請發言者，不在此限。

第三節　表決

第三四條　各種議案，以出席代表過半數表決之，可
　　　　　否同數，取決於主席。

第三五條　主席宣告應行表決後，無論何人不得再就議
　　　　　題發言。

第三六條　表決時，主席令贊成者起立或舉手表決之，
　　　　　如代表認為有疑義，提起異議時，令反對者
　　　　　起立，反證表決之；如代表仍認為有疑義，
　　　　　提起異議得二十人人之附和時，令秘書長唱
　　　　　名表決之。代表對於唱名表決之結果提起異
　　　　　議，得三十人以上之附和，主席令用記名投
　　　　　票表決之。

第三七條　主席認為必要或有代表二十人以上之要求
　　　　　時，得以記名投票表決之。

第三八條　代表對於議案有關係個人本身者，不得參
　　　　　與表決。

第四節　秘密會議

第三九條　主席或代表十人以上，認為有開秘密會議之
　　　　　必要，主席令旁聽人退席，立決可否。

第四十條　秘密會議事件不得刊行，由秘書長保存之。

第七章　紀律

第四一條　主席發見在場代表將屆不滿過半數，宣告代
　　　　　表停止退席後，無論何人非得主席團許可，
　　　　　不得請求退席。

第四二條　代表於休息後，無故不出席者，以缺席論。

第四三條　代表入議場後，不得有左列事項：

一、戴帽；

二、攜帶傘仗。

第四四條　會議時不得有左列事項：

一、移坐交談；

二、閱非關於議案參考之書籍及報紙；

三、喧噪，以妨害他人之發言或朗讀。

第四五條　代表聞主席鳴號鈴，當肅靜。

第八章　懲戒

第四六條　代表不遵規定之紀律或主席之制止者，本會有懲戒之權。

第四七條　凡應行懲戒事件，須付委員會審查，經會議決定由主席宣告之。

第四八條　懲戒之方法如左：

一、於一定之期間內停止發言；

二、於一定之期間內停止出席；

三、於公開議場謝罪；

四、除名。

第四九條　關於懲戒之議事，用秘密會議。

第五十條　代表於本身懲戒事件，得出席辯明，如本人有事故不得出席，得託他代表代為辯明。

第五一條　懲戒之動議，須有二十人以上之附和。

懲戒動議，須於應行懲戒事件發生後二日內行之。

第九章　旁聽

第五二條　旁聽人須領旁聽券，並遵守旁聽規則。

第五三條　旁聽規則由秘書處擬呈主席團核定之。

第十章　附則

第五四條　本規則自議決日施行。

十八、廣西省黨部籌備處養（廿二）電復本會效電稱：
　　　　該省代表大會代表已到，准期十五年一月一日
　　　　開會，能否展期，由代表會決定，再報告案。

決議：備案。

十九、廣東省黨部報告：婦女部選出何香凝、劉蘅靜、
　　　　曾醒三女同志，請指定一人為出席大會代表案。

決議：指定何香凝。

廿、孫中山先生葬事籌備委員會請將廖仲愷同志葬費及
　　墓地畝數規定，俾製定決算，有所標準案。

決議：交國民政府辦理。

廿一、洛坤支部函：請轉達政府，向英人交涉，將無辜
　　　　被禁之黃積昌等開釋，並嚴辦漢奸雲茂鋒，以
　　　　保黨部案。

廿二、旅坤瓊僑韓盛斯等報告，星洲育英校長雲茂鋒陷
　　　　害僑胞情形。

決議：廿一、廿二兩案併交外交部辦理。

廿三、婦女部長何香凝介紹宋慶齡、蔡暢、廖冰筠三
　　　　女同志請指定一人為出席大會代表案。

決議：指定宋慶齡。

廿四、湖北省黨部函：請第四屆中委會議，務為黨堅
　　　持奮鬥，對於非法會議中之反革命份子，毫勿
　　　顧惜案。

決議：交第二次全國代表大會。

廿五、廣州市組織委員會報告：第二十一次會議議決
　　　案請備案。

決議：（二）、（三）兩議決案懲戒凌伯燦，及背簽各
　　　區分名義之人，關係本黨紀律，應交監察委員
　　　會併案查覆，餘准如原案備案。

廿六、四川省黨代表吳玉章等請派人至川組設報社，
　　　以資宣傳。

決議：俟該省正式省黨部成立，即交該省黨部宣傳部
　　　辦理。

廿七、農民部函送關於中山縣被袁林各匪攻陷時之戰
　　　事經過及善後計畫書。

決議：交廣東財政廳參酌辦理。

廿八、高語罕同志報告：歐洲本黨各黨部，及安徽省
　　　黨務狀況，並請派員組織安徽省黨部案。

決議：安徽黨務亟應組織一臨時機關，以資統率，即
　　　派高語罕同志所提出之光昇、沈子修、朱蘊

山、周範文、周松甫、常藩侯、史恕卿、黃夢飛、薛卓漢為該省黨部籌備委員，正式省黨部未成立以前，即由該委員會代行省黨部職權。

廿九、政治委員會函知：第二次全國代表大會開會日舉行閱兵式，以朱培德同志為總指揮，請分別通知朱同志及各團體一律參加案。

決議：照辦；並由本會及軍事委員會參謀團政治訓練部各派一人，於明午十二時開籌備會議。

卅、秘書處提出：第二次全國代表大會組織法草案。

決議：通過。錄交第二次大會秘書處查照。

中國國民黨第二次全國代表大會組織法

第一條　全國代表大會，以各省黨部、各特別區黨部、各特別市黨部、及海外各總支部，各支分部所選舉之代表組織之。

第二條　全國代表大會主席以主席團擔任之，主席團由中央執行委員會提出若干人，經大會通過組織之。

第三條　依本黨總章第二十五條之規定，全國代表大會常會每年舉行一次，但中央執行委員會認為必要，或有省及等於省三分之一以上請求，得召集臨時全國代表大會。

第四條　全國代表大會之會期定為十日，但依事情之必要，得延長之。

第五條　全國代表大會之職權，依本黨總章第二十八
　　　　條及二十九條之規定如下：
　　　　（甲）接納及採行中央執行委員會及其他中央
　　　　　　　各部之報告；
　　　　（乙）修改本黨政綱及章程；
　　　　（丙）決定對於時事問題應取之政策及政略；
　　　　（丁）選舉中央執行委員、候補執行委員與監
　　　　　　　察委員、候補監察委員；
　　　　（戊）決定中央執行委員及監察委員之人數。
第六條　全國代表大會會議，須有過半數代表之出席。
第七條　中央執行委員會委員、中央候補執行委員及中
　　　　央監察委員、中央候補監察委員，均得列席會
　　　　議，但候補執行委員、監察委員只有發言權。
第八條　全國代表大會之議事，以出席代表過半數之
　　　　同意決之，可否同數，取決於主席。
第九條　全國代表大會之會議須公開之。但主席或代
　　　　表十人以上認為有開秘密會議之必要，得開
　　　　秘密會議。
第十條　全國代表大會之經費，由中央執行委員會決
　　　　定之。
第十一條　本組織法自議決日施行。

卅一、農民部請特別補助中山縣中山鄉農民協會開幕
　　　費二百元案。
決議：照准。

卅二、中央監察委員會復函兩件，報告審查東江行政
　　　委員周恩來控告陳箇民，及陳箇民與郭淵谷等
　　　互控各案情形，請議決案。

決議：陳箇民應即准如所擬，先撤銷其黨中職務，並
　　　停止黨權，聽候併案查辦；郭淵谷著免予置議。

卅三、青年部提出：廣州嶺南大學黨團章程案。

決議：該學校認為有組織黨團之必要，即由青年部直
　　　接辦理，直隸於中央，章程不必另議。

卅四、安南西堤支部執行委員林宗漢等報告：張漢池
　　　自稱奉汪主席、譚部長面諭，解散該處總工會
　　　及各區分部，另行組織，現工人及黨員一致反
　　　對，是否屬實，希賜覆案。

決議：函詢汪、譚兩同志，有無面諭；至黨部改組事
　　　宜，應由組織部會同海外部辦理。

第一百三十次會議

十四年十二月廿九日

到會者：譚平山　譚延闓　林祖涵　鄧澤如

主席：譚平山

書記長：徐蘇中

報告事項

一、主席恭誦總理遺囑，全場起立

二、宣讀第一百廿九次會議紀錄。

三、秘書處報告：本會十五年一月份預算案。

中國國民黨中央執行委員會十五年一月份經費預算表

項目	月額（元）	年額	說明
秘書處	1,380		
組織部	1,070		
宣傳部	1,030		
中央通訊社	545		
宣傳費	7,020		
	（大洋650）845		
青年部	310		
婦女部	780		
海外部	470		
工人部	700		
農民部	600		
商民部	500		
中央監察委員會	900		合京滬中央監察委員用費，擬加450，共為900
工役餉項	338		
辦公費	2,350		較上月應增加1,000
中央特別費	8,000		較上月應增加3,000
農民運動特別費	7,210		
合計	34,048		

中央補助各級黨部及各團體經費預算表

（十五年一月份）

項別	月額（元）		年額	說明
上海市黨部籌備費	（大洋 1,000）	1,300		此額係暫定為補助上海市部之用。
北京執行部	（大洋 500）	610		
廣東省黨部		7,783		
浙江省黨部	（大洋 300）	390		
湖南省黨部	（大洋 1,200）	1,560		
湖北省黨部	（大洋 1,380）	1,794		
江蘇省黨部	（大洋 600）	780		
福建省黨部	（大洋 400）	520		舊欠稍緩
漢口特別市黨部	（大洋 200）	520		
山東省黨部	（大洋 500）	650		
直隸省黨部	（大洋 500）	650		
北京特別市黨部	（大洋 500）	650		
江西省黨部	（大洋 200）	260		
安徽省黨部	（大洋 200）	260		
蒙古特別區黨部	（大洋 200）	260		
察哈爾特別區黨部	（大洋 200）	260		
綏遠特別區黨部	（大洋 200）	260		
四川省黨部	（大洋 600）	780		
駐日黨部宣傳費		200		
廣州市各區補助費	20	300		
青年軍人聯合會		150		
工人代表會		500		

項別	月額（元）	年額	說明
港澳總支部	（港紙319）410		
工人俱樂部	100		
戴卓文補助費	（大洋50）65		
宣傳員養成所	2,000		
商民運動講習所	400		
合計	23,296		

四、羅綺園同志報告：出發韶關慰勞第二軍情形。

五、虎門要塞特別黨部報告：第八次常務會議議決案。

六、廣州市組織委員會函覆：解散第十一區黨部執行委
　　員會及改選經過情形。

七、嘉興縣黨部函稱：對於浙江各市縣黨部聯席會議一
　　切決議，絕對負責。

討論事項

一、廣東大學特別黨部函：請指定該黨部出席大會代表
　　二人案。

決議：所請違反選舉法，未便照准；應覆函請其遵照
　　　　本會第一百廿八次會議關於該黨部代表問題之
　　　　決議，即以候補人遞補，如候補人不足，即補
　　　　行選舉。

二、中央宣傳部報告：審查上海民國日報結果，並擬請
　　另在上海辦一新民報案。

決議：此項報告書應即轉函海內外各級黨部，俾其了然
　　　　於上海民國日報已非本黨之機關報；至另辦新

報，應由該部詳細計畫，再行提出討論。

三、廣三鐵路局長李作榮函稱：佛山市黨部請發給長期
　　乘車證，究應如何辦理，請示辦法案。

決議：函覆該局，俟本會議定黨員搭乘火車辦法後
　　　再發。

四、第二次全國代表大會秘書長吳玉章呈請：依照選舉
　　法第二條之規定，未有組織之省份，由中央指派特
　　別委員一人出席大會案。

決議：雲南指定張服真，安徽朱蘊山，貴州、甘肅、新
　　　疆下次再議。

五、第二次全國代表大會秘書處請頒發鈐記案。

決議：照發。

六、秘書處提議：依照第二次大會組織法，由本會指定
　　大會主席團主席案。

決議：主席員額定為七人，其人名俟下次指定。

七、陳勉恕同志轉來廣西省黨部籌備處禡電，該省代表
　　大會不能展期，如中央不能派人監選，可否就近指
　　派李宗仁、黃紹雄兩同志充任案。

決議：准派李宗仁、黃紹雄為廣西省黨部選舉執行委員
　　　及監察委員監選員。

八、徐堅有同志請示第二獨立師可否選舉代表出席第二
　　次大會案。

決議：該師既無黨部，未便准其選舉。

第一百三十一次會議

十四年十二月三十一日

到會者：譚延闓　陳公博　汪精衛　詹菊似　何香凝
　　　　甘乃光　毛澤東　譚平山　鄧澤如　林祖涵

主席：譚平山
書記長：徐蘇中

報告事項

一、主席恭誦總理遺囑，全場起立
二、宣讀第一百三十次會議紀錄。
三、特派漢口特別市黨部籌備員劉伯垂報告黨務工作。

漢口特別市黨部黨務報告

　　　　　　　　自十四年五月至同年十一月

　　伯垂於本年五月間奉中央委任籌備漢口特別市黨部，遵即邀集同志籌備進行辦法，幸賴各同志之努力，於五月二十一日成立臨時黨部，其有各職員分擔工作情形，當時曾經詳報中央在案。茲將數月來黨務工作綜合報告如左：

一

　　漢口特別市臨時黨部係本年五月二十一日成立，因交通及工作關係，漢陽及武昌的徐家棚都劃歸漢口範圍。在這幾月之間已經成了四個區黨部、三十個區分部，黨員總額七百三十七人，黨員成分工作佔百分之九十，商人次之，知識階級最少。茲分記如左：

第一區黨部　集稼嘴以上至礄口
　　　　　第一區分部
　　　　　　　黨員名額　二十八人
　　　　　　　黨員成分　工人佔大多數
　　　　　第二區分部
　　　　　　　黨員名額　二十五人
　　　　　　　黨員成分　工人佔大多數
　　　　　第三區分部
　　　　　　　黨員名額　十九人
　　　　　　　黨員成分　工人佔大多數
　　　　　第四區分部
　　　　　　　黨員名額　二十九人
　　　　　　　黨員成分　工人佔大多數
　　　　　第五區分部
　　　　　　　黨員名額　二十一人
　　　　　　　黨員成分　商人佔大多數
　　　　　第六區分部
　　　　　　　黨員名額　二十人
　　　　　　　黨員成分　工人佔大多數
　　　　　第七區分部
　　　　　　　黨員名額　二十一人
　　　　　　　黨員成分　工人佔大多數
　　　　　以上七個區分部黨員名額共一百六十三人
第二區黨部　花樓上
　　　　　第一區分部
　　　　　　　黨員名額　二十四人

黨員成分　商人佔大多數
第二區分部
　黨員名額　二十六人
　黨員成分　商人佔大多數
第三區分部
　黨員名額　十八人
　黨員成分　完全商人
第四區分部
　黨員名額　二十二人
　黨員成分　工人佔大多數
第五區分部
　黨員名額　八人
　黨員成分　完全商人
以上五個區分部黨員名額共九十八人
第三區黨部
第一區分部
　黨員名額　十三人
　黨員成分　工人佔大多數
第二區分部
　黨員名額　二十七人
　黨員成分　工人佔大多數
第三區分部
　黨員名額　二十五人
　黨員成分　工人佔大多數
第四區分部
　黨員名額　十六人

　　　　　　　　黨員成分　工人佔大多數

第四區　陳家大路以上

　　　　　　第一區分部

　　　　　　　　黨員名額　二十四人

　　　　　　　　黨員成分　學生佔多數

　　　　　　第二區分部

　　　　　　　　黨員名額　十九人

　　　　　　　　黨員成分　工人佔大多數

　　　　　　以上二個區分部黨員名額四十三人

第五區　江岸

　　　　　　第一區分部

　　　　　　　　黨員名額　十四人

　　　　　　　　黨員成分　完全工人

　　　　　　以上一個區分部黨員名額十四人

第六區黨部　漢陽

　　　　　　第一區分部

　　　　　　　　黨員名額　四十一人

　　　　　　　　黨員成分　完全工人

　　　　　　第二區分部

　　　　　　　　黨員名額　四十三人

　　　　　　　　黨員成分　完全工人

　　　　　　第三區分部

　　　　　　　　黨員名額　三十九人

　　　　　　　　黨員成分　完全工人

　　　　　　第四區分部

　　　　　　　　黨員名額　三十四人

黨員成分　完全工人
　　第五區分部
　　　黨員名額　三十三人
　　　黨員成分　完全工人
　　第六區分部
　　　黨員名額　四十二人
　　　黨員成分　完全工人
　　第七區分部
　　　黨員名額　五十六人
　　　黨員成分　完全商人
　　以上七個區分部黨員名額共三百二十六人
第七區　　徐家棚
　　第一區分部
　　　黨員名額　七人
　　　黨員成分　完全工人
　　第二區分部
　　　黨員名額　五八
　　　黨員成分　完全工人
　　以上二個區分部黨員名額十二人。

　　以上七區已成立四個區黨部、三十個區分部，黨員名額總計七百三十七人。
二

　　以下按工作的性質分類報告如左：
（一）工人運動：
　　漢口為揚子江流域之經濟的和政治的中心地，工廠很多，所以我們對於此地的工人運動用力較多，在二七

流血以前，工人已自動的組織一湖北全省工團聯合會。
自二七屠殺案發生以後，不但工團聯合會被強迫解散，
連那裡面二十一個基本工會亦無形消滅。至去年曹吳倒
後，又由沉寂而入於復興，本年四月間全省工團聯合會
已經秘密恢復組織了，加入的工會現有十一個：（1）
人力車夫工會，會員一萬二千人；（2）漢冶萍總工會，
會員二千餘人；（3）染織工會，會員七千餘人；（4）
紗廠工會，會員一萬六千餘人；（5）蛋廠工會，會員
四千餘人；（6）香煙公會，會員五千餘人；（7）洋火
工會，會員一千餘人；（8）花廠工會，會員六千餘人；
（9）碼頭工會，會員三千餘人；（10）鋼鐵工會，工
會會員八百餘人；（11）洋務工會，會員一千餘人；此
外還有京漢路南段及粵漢路北段兩工會，雖不在工團聯
合會範圍之內，然亦直接受本黨指揮。

　　以上這些工會都直接受本黨指揮，就中如全省工團
聯合會、漢冶萍總工會、人力車夫工會，均有本黨黨員
組織黨團指揮活動。因在軍閥勢力之下，組織完全秘
密，然在九七水陸大游巡、蘇俄革命紀念日的市民大游
巡時，都是工人站在前線奮鬥，並且用工會名義提出打
倒帝國主義、廢除不平等條約、打倒媚外軍閥等等口
號，散發了許許多多的小傳單，在國民革命的運動中，
只有工人的旗幟最鮮明，工人的精神最堅決，不但湖
北，全中國都是如此。

　　關於工人的運動當中，我們最缺乏的就是訓練工人
的機關，九月間在徐家棚地方辦了一所平民夜校，但不
到半月即被官廳強迫解散。照目前情形，工人的需要此

為最切，如果將來籌有經費，至少非在第一特別區、礄口、漢陽及徐家棚四處各設平民學校一所不可。

（二）商人運動：

漢口的商人團體，本來就分兩派，一總商會，二各段商團。總商會的份子以銀號、錢幣及買辦階級的勢力為最大，這一部分商人根本上處在反革命的地位，常與軍閥勾結，對於愛國運動表示反對。至於各段商團的情形便不同了，他們的份子多屬中小商人，其情形甚為複雜，大部分對於革命運動很表同情，不滿意的只佔少數。其間有一奇異現象，即同是贊成革命者，往往因為業務的關係彼此之間不免發生意見，不願意在一個團體裡面協同活動，因此向他們作革命運動格外喫力。還有一層，他們性情浪漫不易結合，有了問題發生，便集合同儕，組織些臨時團體號召羣眾，一旦事過境遷，便又冷淡了。因此向他們作革命運動，不免用力多而收效少也。據這種種情形，漢口的中小商人大部份是有革命性的，他們也痛恨帝國主義者之迫害，也痛恨軍閥的剝削，所以常常叫苦發愁，跟著我們作革命的運動，不過他們的經濟地位比較安全，因之對於革命的工作，不免趨避多而毅力少。我們看到這一層，所以在七月間就召集商人同志討論辦法，當時決議用含混的名稱吸收青年商人，組織多數的、永久的團體，灌輸革命知識，訓練實際運動的人材，現在已經成立的團體：一、青年勵進會；二、中華國貨勵進會；三、煙攤公會。自此計劃實行後，在商人方面的活動便逐漸開展，惟經濟人材俱感缺乏，不能充分發展為憾事耳。

（三）青年運動：

　　漢口的青年團體直接受本黨支配者：一、青年勵進會，該會會員現在有八十餘萬人，其成分多係店員學徒，會中職員皆本黨黨員，並組織有一黨團指揮該會的活動；二、漢口學生會，以前原附屬於武漢學生聯合會，直接受省黨部指揮，近來擬變更組織，將武昌、漢口、漢陽三處學生會自成體系，而與各縣市學生會合組一湖北學生聯合會，所以近來漢口、漢陽兩處學生會已由漢口黨部設法組織矣。

（四）宣傳工作：

關於宣傳的工作，分下列三項述之：

一、文字的宣傳：復分為定期刊物與臨時刊物兩種

　　A. 定期刊物

　　　（1）武漢工人：現出至第十二期。

　　　（2）武漢評論。

　　　（3）湖北婦女。

　　　以上第二、第三，兩種刊物係湖北省黨部所辦，漢口市黨部對外發表之言論，多在這兩種週刊上發表，並供給其他材料。

　　B. 臨時刊物

　　　（1）工學聯合會講演大綱。

　　　（2）關於五卅慘殺事件，刊發傳單三次，共三萬二千份。

　　　（3）九七水陸大游巡，刊發傳單二萬四千份。

　　　（4）廢約特刊一萬三千份。

　　　（5）歡迎廣東外交代表團，刊發傳單四種，共

二萬三千份。

（6）蘇俄革命紀念日，刊發傳單三種，共一萬五千份。

二、圖畫的宣傳

（1）歡迎廣東外交代表團時，在漢口、漢陽兩處張貼刺激畫六十張。

（2）蘇俄革命紀念日，張貼刺激畫一百張。

三、口頭的宣傳不勝枚舉，略舉見例：

（1）工學聯合會招待武漢新聞記者時，本黨部特派同志參加講演。

（2）反帝國主義運動週水陸大游行時，本黨部除散傳單外，並事前指定同志多人參加講演。

（3）滬漢案發生後，本黨部派同志多人用工學聯合會名義，分途向各處講演。

（4）歡迎廣東外交代表團時，本黨部指派同志在市民歡迎大會及招待武漢各團體集讌席中講演數次。

（5）蘇俄革命紀念日在漢口、漢陽各工廠附近召集工人開會演講。

（五）其他活動

（甲）援助罷工的活動：五、六月間漢口香煙廠、洋火廠和染織工人因要求增加工資相繼罷工，於時本黨同志多往參加指揮活動，並發表宣言喚起民眾同情。嗣由省黨部同志以教育會、學生會代表資格出面調停，用得相當解決。

（乙）援助滬案的活動：五卅流血案發生後，本黨

部即行召集漢口、漢陽各團體發起一滬案後援會，於六
月九日在明德大學開成立會。旋派同志多人用該會名義
分途向漢口、漢陽兩處工人團體及商人團體接洽，預
備發起一國民大會，定期六月二十四日在老圃開露天大
會，作一大規模的示威運動。不料蕭耀南嚴重干涉禁止
集會，以致事與願違，不克實現。

（丙）關於漢案的活動：漢案發生後，蕭耀南殺蕭
英、潘義以威嚇民眾，漢口黨部重要職員多被通緝，以
致不能十分活動，只得發表宣言，公布蕭耀南罪狀。嗣
得京滬輿論援助，蕭耀南見風轉柁，始改變態度，授
意於湖北退伍軍官發起一水陸大游巡，藉以掩蓋外人耳
目。省、市兩黨部認此為絕好宣傳機會，比即指派同志
參加，並指揮各黨團用所屬團體名義一致加入活動。臨
時又組織一大黨團受省、市兩黨部指揮，幸各同志努力
進行，該游巡辦事處宣傳股職員遂完全為本黨同志所取
得，而本黨一切主張均得透過該處宣傳股發表。

（丁）歡迎廣東外交代表團的活動：廣東外交代表
團到九江時，省、市兩黨部一面派人歡迎，一面組織臨
時指揮部指揮一切活動。迨代表團抵漢時，本黨黨員及
各團體代表約三百餘人，均手執黨旗及各種標語旗，齊
至江干歡迎。游行十餘里，沿途大呼打倒帝國主義、擁
護國民政府等等口號，頗惹一般市民注意。是日，本黨
部散發傳單兩種，次日在武昌公共體育場開武漢市民歡
迎大會，到會者二萬餘人，當場通過組織湖北外交代表
團案。第三日午前，省、市兩黨部又單獨開會歡迎，下
午招請武漢各團體集讌，省、市兩黨部代表均有演說。

（戊）蘇俄革命紀念日大游巡的活動：此次游行亦係省、市兩黨部所發起，是日，漢口工人參加游行者約在二千人左右，本黨部根據總理遺囑提出聯俄主張，又發表反對關稅會議的言論，刊發傳單三種。

三

綜上述情形觀之，漢口黨務之發展甚為遲滯，所以致此者：

（1）軍閥的壓迫　如二七屠殺，十三年五月間的黨禍，今年六月間蕭潘被戮，黨人被緝，均使本黨工作不能自由發展。

（2）反動派的倒亂　有許多假革命份子拿赤化過激等名目妨害我們的活動，甚至向蕭耀南告密，以圖破壞。

（3）經濟的困難　本黨部成立以來一切費用專靠黨員特捐維持，截至十月底止，負債已達四百五十餘元，最近始由中央給領二百元，尚不敷償債，因此便有許多工作艱難進行，黨的發展不免大受影響。

（4）人材的缺乏　因為經濟困難不能令同志捨棄私人工作專門辦黨，因此遂不免常常失掉機會，致黨務亦蒙影響。

特派漢口特別市黨部籌備員　劉伯垂

十二月二十日

四、虎門要塞特別黨部報告第九次會議錄。

討論事項

一、第二次大會代表資格審查委員會報告：審查廣州特
　　別市黨部代表資格結果，以潘歌雅既被選為警察特
　　別黨部代表，鄭漢宜經中央議決除名，朱晉經違章
　　兼任黨職，其代表資格均應取消，以次多票數之陳
　　古廉、孫科、黃俠生三同志遞補，已分別通知，請
　　追認案。

決議：追認。

二、秘書處提議：前次會議已依據大會組織法決定大會
　　主席團員額為七人，應請再依法指定主席人名，以
　　利進行案。

決議：指定汪精衛、譚延闓、鄧澤如、譚平山、恩克
　　　巴圖、丁惟汾、經亨頤。

三、秘書處提議：依照選舉法第二條，凡未組織之省
　　份，除安徽、雲南業經上次會議指派外，其餘甘
　　肅、貴州、新疆等省尚屬缺如，應請速行指派案。

決議：貴州出席第二次大會特別委員，請周仲良同志推
　　　薦；甘肅、新疆毋庸指派。

四、汪委員精衛提議：由本會函請張靜江同志以國民政
　　府委員資格出席第二次全國代表大會案。

決議：照辦。

五、汪委員精衛提議：以第二次全國代表大會名義，贈
　　送鮑羅廷先生銀鼎一個，上刻共同奮鬥四字案。
決議：照辦。

六、常務委員提出：第二次全國代表大會議事日程案。
決議：通過。

第二次代表大會議事日程
第一日
　　　　上午九時成立典禮
　　　　十一時半閱兵禮
　　　　下午七時國民政府大讌
第二日
　　　　（一）報告籌備經過
　　　　（二）審查代表資格委員會報告
　　　　（三）報告秘書處組織
　　　　（四）報告大會組織
　　　　（五）組織各種委員會
第三日
　　　　各種委員會（一）各種報告審查委員會
　　　　　　　　　　（二）各種提議審查委員會
　　　　　　　　　　（三）宣言起草委員會
第四日
　　　　中央政治報告—政治報告
　　　　　　　　　　民政報告
　　　　　　　　　　軍事報告

財政報告

中央黨務報告─總報告

組織報告

工人運動報告

農民運動報告

第五日

各地方政治黨務報告─直隸　山東　北京

東三省

河南　安徽　三特別區

山西　陝西　四川

第六日

各地方政治黨務報告─湖北　漢口　湖南

廣西　福建　廣東

江蘇　浙江　江西

海外黨務報告

第七日

政治報告決議

軍事報告決議

行政制度提案

財政提案

第八日

組織提案─國內黨部組織

海外黨部組織

工人運動提案

第九日
　　宣傳問題提案
　　農民運動提案
　　青年運動提案
　　商民運動提案
　　婦女運動提案
　　其他各種提案
第十日
　　討論宣言
　　討論選舉法
　　選舉
　　閉會禮

七、常務委員提出：第二次全國代表大會擔任報告人員
　　單，請通過案。
決議：通過。
　　　　出席第二次全國代表大會報告人員單
　　　　政治報告（民政報告）　　　汪精衛
　　　　財政報告　　　　　　　　　宋子文
　　　　軍事報告　　　　　　　　　蔣中正　譚延闓
　　　　黨務總報告（組織部報告）　譚平山
　　　　工人運動報告　　　　　　　劉爾崧
　　　　農民運動報告　　　　　　　陳公博
　　　　青年運動報告　　　　　　　陳公博
　　　　婦女運動報告　　　　　　　何香凝
　　　　商民運動報告　　　　　　　甘乃光

宣傳工作報告　　　　　毛澤東

海外黨務報告　　　　　詹菊似

監察委員會報告　　　　鄧澤如

八、婦女部函稱：前次介紹之宋慶齡同志，現經廣東省
　　黨部選為第二次大會代表，請於宋同志之外，於廖
　　冰筠、蔡暢二同志之中指派一人案。

決議：當指派廖冰筠；如廖同志不願出席，即以蔡同志
　　　　遞補。

九、常務委員提議：本會今日閉會，以待改組；嗣後尋
　　常事件，委託常務委員處理，重大事件，即提交第
　　二次全國代表大會案。

決議：通過。

民國史料 47

中國國民黨第一屆中央執行委員會
會議紀錄（四）

The Minutes of First Central Executive Council
- Section IV

編　　者　民國歷史文化學社編輯部
總 編 輯　陳新林、呂芳上
執行編輯　林育薇
文字編輯　王永輝、江張源、詹鈞誌
排　　版　溫心忻、盤惠秦

出　　版　🛡 開源書局出版有限公司

香港金鐘夏愨道 18 號海富中心
1 座 26 樓 06 室
TEL：+852-35860995

✺ 民國歷史文化學社 有限公司

10646 台北市大安區羅斯福路三段
37 號 7 樓之 1
TEL：+886-2-2369-6912
FAX：+886-2-2369-6990

初版一刷　2021 年 1 月 29 日
定　　價　新台幣 350 元
　　　　　港　幣　90 元
　　　　　美　元　13 元
I S B N　978-986-5578-05-3
印　　刷　長達印刷有限公司
　　　　　台北市西園路二段 50 巷 4 弄 21 號
　　　　　TEL：+886-2-2304-0488

http://www.rchcs.com.tw

國家圖書館出版品預行編目 (CIP) 資料
中國國民黨中央執行委員會會議紀錄 . 第一屆 =
The Minutes of First Central Executive Council/
民國歷史文化學社編輯部編 . -- 初版 . -- 臺北市：
民國歷史文化學社有限公司 , 2021.01

冊；　公分 . -- (民國史料；44-47)

ISBN 978-986-5578-02-2 (第 1 冊：平裝). --
ISBN 978-986-5578-03-9 (第 2 冊：平裝). --
ISBN 978-986-5578-04-6 (第 3 冊：平裝). --
ISBN 978-986-5578-05-3 (第 4 冊：平裝)

1. 中國國民黨中央執行委員會　2. 會議實錄

005.215　　　　　　　　　　　　110000226